Sein Leben meistern
Die Lebensphilosophie und Biographie des Karate-Großmeisters Teruo Kono

How to master your life
The Life Philosophy and Life of the Karate Grand Master Teruo Kono

Elke von Oehsen

Impressum:

Herausgeberin / Publisher: Kono-Verlag

Gestaltung / Design

Frank Steffen / Dr. Elke von Oehsen

Fotos / Photographs

Dr. Elke von Oehsen und Konos Privatarchiv

Übersetzung / Translation

Thomas Klimaschewski

Druck / Print
Bezug / Available at
Kono-Verlag, Grönenberger Str. 7
49324 Melle
www.kono-verlag.de

ISBN 978-3-9804461-5-0

3. Auflage 2022

Inhalt

Table of Contents

Vorbemerkung zum Buch

Dieses Buch soll dazu beitragen, dass der Karate-Großmeister Teruo Kono, einer der letzten großen Meister alter Schule, nicht in Vergessenheit gerät und auch von denen, die nicht die Gelegenheit hatten, ihn näher kennen zu lernen, besser verstanden wird.

Er hat vielen Karatekas Orientierung und Denkanstöße gegeben.
Doch auch anderen, auch Nicht-Karatekas, bieten seine Lebensgeschichte und seine Lebensphilosophie interessante Anregungen für das eigene Leben und um über den Umgang mit Menschen und Situationen nachzudenken.

Den Text über seine Lebensphilosophie konnte Teruo Kono einige Monate vor seinem Tod noch lesen. Die Biographie wurde nach seinem Tod geschrieben.

Sein Ziel war immer, die Menschen zu sich selbst und - im Rahmen ihrer Möglichkeiten - so weit wie möglich voran zu bringen. Es würde ihn sicher freuen, wenn ihm dies auch jetzt noch gelingen könnte.

Er selbst hat immer gesagt: „Die Vergangenheit kann man nicht ändern, aber man kann versuchen, in der Gegenwart für die Zukunft etwas anders zu machen, und sich neue Ziele setzen, wenn man dies für richtig hält."

Introductory Remarks

This book was written to preserve the memory of the Grand Master of Karate, Teruo Kono, one of the last great masters of the old school of karate. It should give those who did not have the chance to know him personally, the opportunity to better understand his unique personality.

Teruo Kono gave many karatekas food for thought and means of orientation for their lives. But the history of his life and his philosophy of life will also be of interest to other persons and could be a stimulus for many of us to think about how to deal with people and situations.

The draft of his philosophy of life was written by me (and read by him) a few months before he died, whereas his biography was conceived after his death.

It was always his aim to guide people back to themselves and to make them mobilize their last reserves of power and to strengthen their will to achieve their farthest aims. I am sure he would be pleased to know if even today this would still happen.

Teruo Kono said: "You cannot change the past, but you can try to change something in the present for a better future, and you can set yourself new goals if you think this is the right thing to do."

In diesem Sinne hoffe ich, dass dieses Buch allen Leserinnen und Lesern etwas gibt, das sie für ihr eigenes Leben nutzen können. Vor allem soll es natürlich auch Freude machen, es zu lesen.

Bedanken möchte ich mich bei Frank Steffen für die Erstellung des Layouts und vor allem bei Teruo Konos Witwe Birgit Kono, die mir Einblicke in die private Fotosammlung und Notizen gewährt hat.

Dr. Elke von Oehsen
24.04.2004

I do hope that many people will gain a lot from this book for their own life and that they will also just enjoy reading it.

I would like to thank Frank Steffen for the lay-out of this book and Mrs. Birgit Kono, Teruo Kono's widow, for allowing me to have a look at his private photographs and notes.

Dr. Elke von Oehsen
24th April 2004

Die
Lebensphilosophie
des

Karate-Sensei
Teruo Kono

dargestellt auf Grund von Gesprächen, Erlebnissen und
Erfahrungen mit dem Sensei

The Life Philosophy
of the

Karate-Sensei
Teruo Kono

based on conversations, encounters and experiences
with the sensei

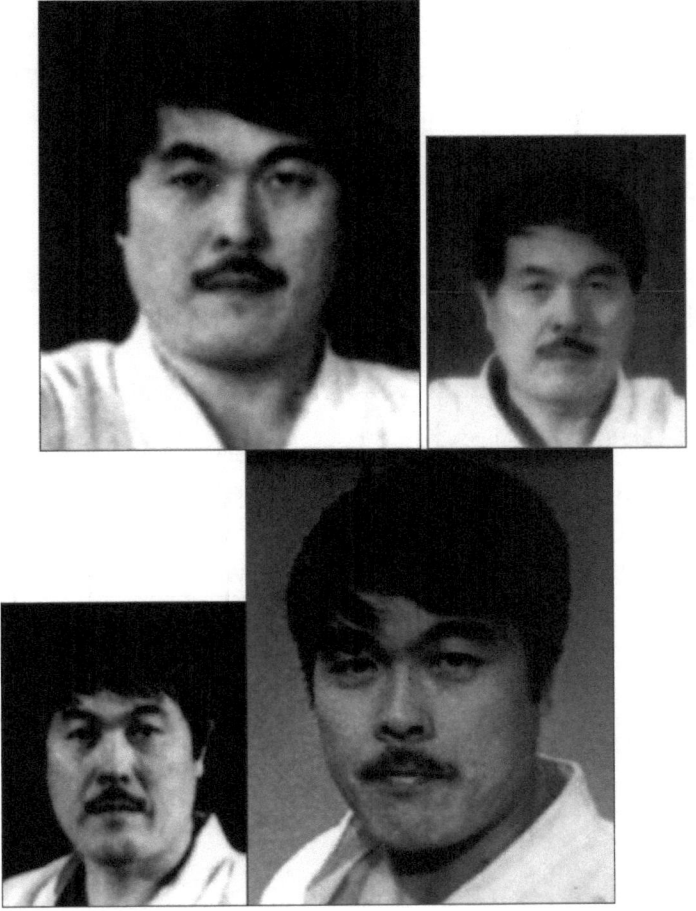

Der folgende Text stellt die Lebensphilosophie des Sensei Teruo Kono, orientiert an Gesprächen, Erlebnissen und Erfahrungen mit dem Meister, dar.

Seit 1976 habe ich intensiv Karate von Sensei Kono gelernt. Wir haben gemeinsam drei Bücher über Karate veröffentlicht und stehen über die Verbandsarbeit im Karate kontinuierlich in Kontakt.

In all diesen Zusammenhängen ist er mein Sensei, der mir viel Nachdenkenswertes sagt und vorlebt.

Dieser Text ist aus einer spontanen Idee heraus entstanden und erhebt keinen hohen literarischen Anspruch. Ich hoffe, er ist verständlich oder ermöglicht zumindest eine Vermutung über die gewollte Aussage.

Osterholz-Scharmbeck, im Februar 2000

Dr. Elke von Oehsen

The following text represents the life philosophy of the sensei Teruo Kono based on conversations, encounters and experience with the karate master.

Since 1976 I received intensive karate training from sensei Kono. We jointly published three books on karate and jointly work for the karate association.

In all these encounters he is my sensei who not only tells me things worth to think about but also lives a life according to what he says and what is important to him.

This text is the result of a spontaneous mood and does not pretend to be a literary masterpiece. Its most important aim is that the reader understands its content or, at least, understands a little bit of what the text wants to express.

Osterholz-Scharmbeck, Germany, February 2000

Dr. Elke von Oehsen

Vorwort

Wieso sollte man sich eigentlich mit dem Karate-Lehrer Teruo Kono auseinandersetzen?

Die Antwort ist einfach: weil seine Philosophie weit über das Vermitteln von Techniken hinausgeht und er ein charismatischer Mensch ist.

Natürlich, oberflächlich betrachtet fordert er Gehorsam von seinen Schülern, spornt sie mit hohem Tempo und dem Einfordern großer Genauigkeit zu einer Disziplin an, die für Einige über das hinaus geht, was sie zu leisten bereit sind oder leisten können.

Er stellt immer hohe Anforderungen, aber nicht nur an andere, sondern in erster Linie auch an sich selbst.

Was hat er uns auch für die Zukunft zu sagen?

Karate, sagt man, kann eine Lebensphilosophie sein bzw. ist eine Lebensphilosophie. Warum sollte das so sein, wo doch die Karate-Lehrer nur ihre Schüler dazu anhalten, mit den immer gleichen Techniken nach Kommando möglichst synchron die Halle auf und ab zu laufen? Dabei werden ab und zu archaische Schreie ausgestoßen und es wird scheinbar wild in der Luft herumgefuchtelt.

Karate ist aber mehr, viel mehr, weil dies nur die Beschreibung der oberflächlichen Erscheinungsformen ist, nicht aber das, was auf dem Weg des Übens mit dem Einzelnen passiert und was der Einzelne dabei noch an Erfahrungen oder Strategien für sein Leben mit auf den Weg bekommt.

Preface

Why should someone reflect on the karate teacher Teruo Kono?
The answer is quite simple: because his philosophy goes far beyond the teaching of techniques and he is a charismatic person.

Of course, your first impression might well be that there is a master who requires discipline from his students, pushes them with high speed and requires from them high precision based on a discipline which, for some people, is more than they are willing or able to accept.
Sensei Kono is always very demanding. But he places these demands not only on others, but, most of all, on himself.
What then can he teach us about the future?

Karate, so it is said, can be a life philosophy or actually is a life philosophy. Why should karate be a life philosophy, if karate teachers "just" command their students to synchronously hurry up and down the gymnasium and repeat the same techniques again and again. In these exercises sometimes archaic cries are shouted and the students bend and stretch their arms and feet wildly.

But karate is more than this, much more, because this is just a description of what one can see at first glance. But it is not a description of what happens with the practitioner along his karate way and also not of what the practitioner is given for his or her personal life with regard to experience and strategy.

Teruo Kono ist in unseren Augen vielleicht ein Traditionalist, weil er für uns den Anfang gesetzt hat, aber betrachtet von der Geschichte her ist er es auf keinen Fall. Er hat sich immer sein eigenes Denken bewahrt, hat immer alles hinterfragt, für sich passend gemacht, aber auch immer die Offenheit bewahrt, die Dinge für die Menschen in seiner Umgebung akzeptabel zu machen.

Er macht es seiner Umgebung nicht leicht, weil er zwar mit jedem Geduld aufbringt, aber dennoch nie von seinen Ansprüchen abweicht. Dies lässt jedem, der ihm begegnet, nur die Möglichkeit, sich darauf einzulassen, gegen ihn zu kämpfen oder sich von ihm abzuwenden. Dabei ist es durchaus möglich, zwischen diesen verschiedenen Varianten für eine Zeit zu wechseln und dann zu einer anderen Variante überzugehen und sich auf einer anderen höheren Ebene wieder mit ihm zu treffen.

Für Teruo Kono ist Karate nie nur das Bewegen der Hände und Füße oder die Fähigkeit, sich zu verteidigen oder etwas ähnliches, sondern für ihn ist Karate eine Lebensphilosophie, etwas, was man als Vehikel benutzt, um damit andere Dinge zu lernen, um für andere Dinge gewappnet zu sein.

Teruo Kono might in our eyes be a traditionalist because of his traditionalist karate education on the basis of which he initiated our karate experience. However, looking at his life history he can in no event be considered as such. He always kept his own thinking, took his time to reflect about everything which he then used to integrate in his life. But he always remained open to make things acceptable for the people around him.

He is certainly not a person easy to deal with for the people around him because he never gives up his demands although he is patient with everybody. So everybody who meets him has in fact three choices: to get involved with him, to "fight" against him or to leave him. It might well be possible to decide for one of these options for a certain period of time and then decide for another option and get in contact with him again on a higher plane.

For Teruo Kono karate has never been just a sport in which you move your hands and feet or learn how to defend yourself. For him karate has always been a life philosophy, something which you use as a sort of vehicle to learn other things and to be well prepared for mastering other things with which you may be confronted in your life.

Umgang mit Menschen

Seine Idee ist immer, dass jeder Mensch, egal wie er sich präsentiert, was er kann, was für Probleme oder welche Fähigkeiten er hat, etwas Besonderes ist und dass es von daher auch immer möglich ist, von jedem Menschen etwas zu lernen. Hat man das Gefühl, man steht einem Menschen gegenüber, der einem nichts zu bieten hat, dann liegt das an einem selbst, daran, dass man noch nicht sensibel genug ist, zu erkennen, was dieser Mensch Besonderes hat, was man von ihm erfahren könnte.

Um Sensei Konos Respekt zu bekommen, ist es nötig, an sich selbst zu arbeiten. Die Ausgangsbasis, die jeder hat, ist relativ willkürlich entstanden, aber ob jemand auf dieser Basis stehen bleibt oder sich darauf aufbauend weiterentwickelt, eine Vision von sich selbst entwickelt und an der Verwirklichung dieser Vision arbeitet, das liegt im Ermessen jedes Einzelnen und ist die Leistung des Einzelnen, die er vollbringt.

Sich immer zu fragen, ob man schon so geworden ist, wie man eigentlich sein möchte, sich seiner Stärken und Schwächen bewusst zu sein, aber nicht unter seinen Schwächen zu leiden, sondern an ihnen kontinuierlich zu arbeiten, sich ständig neue Dinge auszudenken, wie man damit umgehen, wie man sie entweder verändern kann oder sich mit ihnen arrangieren kann, aber auf jeden Fall nicht einfach seine Schwächen zu ignorieren oder alle Energie nur dafür zu nutzen, sie vor anderen zu kaschieren, das ist der Weg.

How to deal with people

His notion has always been: every person is special regardless of how a person presents him- or herself or what kind of problems or skills he or she might have. With this view it is always possible to learn something from someone else. If you meet a person and you have the feeling that you cannot learn from him or her, then this is your own fault. You are still not sensitive enough to see what is special about this person and what you might learn from him or her.

In order to be respected by sensei Kono you must work on yourself. The basis from which everybody starts is relatively unimportant. But whether somebody remains standing there or goes ahead from there by working on him- or herself, develops a vision of his or her life and tries to make this vision come true is a decision which everybody must take by him- or herself. Every achievement on this way of growth is a personal success.

The true way looks like this: always ask yourself if you have already become the one you want to be, be well aware of your strengths and weaknesses, do not suffer from your weaknesses, but keep on working on them and thinking about new ways to deal with them, change them or learn how to live with them. But do not ignore your weaknesses or use all energy to cover them so that others cannot see them.

Diese Lösungen muss jeder für sich ganz individuell finden, daher gibt es so etwas wie einen objektiven Maßstab nicht. Der Maßstab liegt in einem selbst, und wenn man sein Ziel erreicht hat, dann wird dies nicht nur für einen selbst sichtbar, sondern auch für andere. Z.B. durch eine große Ausgeglichenheit, durch eine so genannte Aura um sich herum, durch eine Authentizität, die man ausstrahlt.

Nach seiner Auffassung kann man seine Mitmenschen nur fair behandeln, wenn man sie versteht. Seine Mitmenschen verstehen bedeutet, nicht nur an sich selbst zu denken, sondern ganz im Gegenteil zu versuchen, alles auch von seinen Mitmenschen zu erfahren, neugierig auf sie zuzugehen, sie in ihrer Gesamtheit zu erfassen, aber nicht um ihre Schwächen auszunutzen, sie zu manipulieren, sondern um sie als Teil eines Ganzen begreifen zu können und mit ihnen besser umgehen zu können. Um auch mehr Rücksicht auf sie nehmen zu können, ihnen bei ihrer Weiterentwicklung helfen zu können, sie zu unterstützen.

Egal wie ein Mensch auch ist, er befindet sich nur in einem Durchgangsstadium. Dieses Durchgangsstadium kann man wieder verlassen. Die Richtung, die man dabei einschlägt, bestimmt man selbst. Insofern befinden sich alle in einem Prozess, der nie abgeschlossen ist. Wenn wir das nicht akzeptieren, regen wir uns über unsere Mitmenschen auf, über ihre Gewohnheiten, über vielleicht aus unserer Sicht Verblendetheit, ihre Kleingläubigkeit oder was auch immer. Aber wenn wir begreifen, dass dieses nur Erscheinungsformen im Durchgangsstadium sind, dann haben wir vielleicht

Everybody must find his or her own solution. There is no single or general solution for each and everybody. The solution lies within each person and there is no objective measure for success. Once you have achieved your goal your achievements become not only visible for yourself but also for others. E.g. your balanced nature, your positive aura and authenticity which can be felt by others.

In Teruo Kono's opinion one can only treat one's fellow beings in a fair way if one understands them rightly. To understand one's fellow beings does not mean to exclusively think about yourself, but, quite contrary to this, to try to learn more about your fellow beings, to show interest in them, to see them in their wholeness. However, understanding people should not lead to exploiting their weaknesses or manipulating them, but to learn to see them as a part of the whole and to be better able to deal with them. Also to be better able to understand them better, assist them in their individual development and give them support.

Regardless of how a person behaves, he or she is just in a phase of transition. One can leave this state of transition again. But each person decides by him- or herself which direction he or she will take. With regard to this, every person finds him- or herself in a process which will never end. If we do not accept this, we feel upset about our fellow men, about their habits, about their, what we think, blindness, about their little faith or whatsoever. But when we learn to understand that these are just manifestations at a certain stage of transition, then we might have the patience and

auch die Geduld und die Nachsicht zu warten, bis sich Menschen verändern, und wir sind nicht gleich persönlich betroffen davon, was wiederum bei uns Reaktionen auslösen kann, die dem Zustand, in dem sich der andere befindet, nicht angemessen sind, was dann häufig zu Missverständnissen führen kann.

Teruo Kono macht sich immer extrem viele Gedanken über seine Mitmenschen. Jedem, dem er begegnet, schenkt er auch später, wenn er nicht mehr anwesend ist, immer noch seine Aufmerksamkeit. Er denkt über die Menschen nach, er überlegt sich, wie sie sind, was sie vielleicht für Wünsche und Hoffnungen haben, wie er sie unterstützen könnte.

Er beobachtet ihre Entwicklung, manchmal mit der humorigen Zufriedenheit eines wissenden Menschen, der auf den nächsten Schritt wartet, weil er diesen voraussehen kann, und sich freut, wenn diese Schritte in eine Richtung gehen, die den einzelnen Menschen dahin führen, wo er aus seinem Innersten heraus hin möchte. Nicht wohin er vielleicht von seiner Umgebung, gegen die er sich nicht wehren kann, getrieben wird.

Etwas ungeduldig wird er immer dann, wenn er Menschen begegnet, die von sich selbst keine Vision haben, die sich treiben lassen, die durch den Zufall hin- und her geworfen werden, die auch vielleicht unter dieser Unstetigkeit leiden, die aber aus diesem Kreis nicht herauskommen, weil sie nicht die Kraft aufbringen, an sich zu arbeiten. Solchen Menschen will er immer seine Stärke, seine Hoffnung geben, damit sie

leniency to wait until people change; with this attitude we can avoid feeling personally affected, sparing us reactions which are not due to the condition in which the other person finds him- or herself and which might often lead to misunderstandings.

Teruo Kono often thought a lot about his fellow men. He paid attention to all the people he met, both when they were present or away. He thinks about the people, he thinks about the way they are, what kind of desires and hopes they have, and how he can support them in making them come true. He observes their development, sometimes with the humorous wisdom of somebody who knows, of somebody waiting for the other to make his or her next step because he can foresee this step.

Kono feels delighted if this step goes in a direction which will lead the single person on a way which corresponds to the innermost motivation of that person. Not in a direction in which he or she will be forced to go by the pressure of the people around him or her and against which he or she cannot defend him- or herself.

Teruo Kono will always become impatient in such instances when he meets people who do not have a vision of their life, who let themselves drift through life, who are tossed about by the chances of life, who might also suffer from these irregularities, but are not able to break free from this vicious circle because they do not develop the strength to work on themselves. Teruo Kono always wants to share his strength and hope with such people in order that they become able to free

sich selbst aus diesem Zustand befreien können, denn er macht sich nie Illusionen darüber, dass man letztendlich niemandem helfen kann, der sich nicht selbst helfen will. Jeder muss sich quasi selbst an seinem eigenen Schopf aus dem Sumpf ziehen, in dem er steckt.

Die Kraft, dieses zu schaffen, kann man vielleicht Personen dadurch mitgeben, dass man ihnen Erfahrungen vermittelt, damit sie erkennen, dass sie aus eigener Kraft etwas bewegen, etwas schaffen können.

Sie müssen sich dieses Ziel nur klar genug setzen und auch dahinter stehen.

Wenn jemand diese Erfahrung erst einmal auf irgendeinem Gebiet gemacht hat, dann kann er sie auch relativ leicht auf ein anderes Gebiet übertragen.

Teruo Kono ist immer sehr interessiert an Menschen. Dies spiegelt sich auch darin wider, dass er sich die Namen seiner Mitmenschen über Jahre oder Jahrzehnte merken kann, obwohl er diesen Menschen nur selten begegnet. Er repetiert ständig im Kopf, in seinen Gedanken Begegnungen, Begebenheiten und setzt sich damit auch immer mit seinen Mitmenschen weiter auseinander, in der Hoffnung, dass diese irgendetwas spüren, irgendetwas mitnehmen können. Häufig merken seine Mitmenschen dies jedoch nicht. Wenn er nicht anwesend ist, nicht mit ihnen spricht, fühlen sie sich von ihm nicht wahrgenommen. In Wirklichkeit ist er einer der wenigen Menschen, die sich ständig über andere Menschen Gedanken machen. Nicht nur über die Menschen, die ihm schädlich sein oder ihm nützen können, nein, er macht sich Gedanken über die

themselves from this condition. Thereby, Kono is aware of the illusion that you cannot help somebody who is not willing to truly accept such help. In other words - everybody must pull out the cart from the mud him- or herself in which he or she has driven it into.

The power to do this might be set free in people by leading them into situations in which they can experience and realize that they can move and achieve things by their own power and strength.

If somebody has experienced the feeling of success by own efforts in whatever area of life, then it is relatively easy to transfer this experience to other areas of life.

Teruo Kono is always very interested in people. This is also reflected in the fact that he is able to remember the names of his fellow men for years, not to say decades, although he might seldom meet these people. He continuously reflects on ideas, encounters and occurrences, and, thus, keeps on dealing with his fellow men hoping that they would feel something, could use something for their benefit. Quite often, however, his fellow men do not realize this. When he is not present, does not talk with them, then they do not feel perceived by him. But in reality he is among the few people who continuously thinks about other people. Not only about the people who could harm or benefit him, but also about the people whom he simply met, about their future and personal growth in life.

Menschen, die ihm begegnet sind an sich, über deren Zukunft, über deren Fortkommen.

Er ist gern unter Menschen, er spricht gern mit Menschen, feiert zusammen, möchte gemeinsame Erlebnisse haben, sie einbeziehen in seine optimistische Lebensauffassung. Ihnen davon ein Stückchen geben.

Er freut sich, sich an anderen Menschen zu messen. Zu sehen, wer schneller im Denken ist, Situationen besser einschätzen kann, eine Wette mit ihm eingeht. Er liebt die kleinste Form von Wettstreit. Ob das nun eine rhetorische Spitzfindigkeit ist, ein schnelles Begreifen einer Redewendung, die richtige Einschätzung einer Situation oder einer Anspielung, immer ist er total präsent, aufmerksam und gegenwärtig.

Er liebt es, Leute mit unkonventionellen Ideen oder Redewendungen zu verblüffen oder dass er Situationen schafft, die nur mit Witz und Pfiffigkeit zu lösen sind. Dies tut er nicht um Leute bloßzustellen oder vorzuführen, sondern um ihnen die Chance zu geben, sich weiterzuentwickeln, neue Herausforderungen zu sehen

Nie geht er hämisch damit um, immer ist er mehr wie ein gütiger Vater, der darauf wartet, dass sich seine Kinder weiterentwickeln. Der überzeugt davon ist, dass dieses gelingen wird. Dadurch, dass er seinen Mitmenschen zutraut, dass sie schaffen können, was sie schaffen wollen, gibt er ihnen den Mut Dinge anzufassen, die sie sonst vielleicht nie versucht hätten.

He likes to be among people, he likes to talk to people, celebrate with them, experience life together with them, and have them participate in his optimistic attitude towards life. That is, to give them a piece of that optimism.

He likes to match himself against other people. To find out who can think quicker, judge situations better, or dares making a bet with him. He simply loves competition whether big or small. Such a competition can be a rhetorical subtlety, the quick comprehension of an idiomatic expression, the correct judgement of a situation or allusion. Whatever the occasion, Kono is always completely present, attentive and concentrated on what is going on now.

He also loves to surprise others with unconventional ideas or expressions, or create situations which can only be solved with humour and cleverness. He does so not to put people at a loss or make them look like fools, but to give them a chance to further develop in life and see new challenges.

When doing so he is never evil-minded, but is more like a good-hearted father who waits for his children to grow. As someone who is convinced that they will succeed. By thinking his fellow men capable of succeeding in doing the things they want to achieve he gives them the courage to go for things which otherwise they had never tried to do.

Als Preis dafür erwartet er allerdings eine gewisse Unterordnung unter seine Regeln. Solange man dies mitmacht, darf man nebenbei so frei sein, wie man möchte. Aber er duldet keine Rebellion im System. Sollte man es doch versuchen, hat man einen sehr ausdauernden und sehr konsequenten Gegner vor sich. Der aber auch akzeptieren kann, wenn er verloren hat. Wenn er selber mit seinen Taktiken am Ende ist. Dann kann er plötzlich das Ganze abbrechen und, ohne dass etwas davon übrig bleibt, wieder von vorn anfangen. Auf diese Weise kann er sich selbst nach den größten Auseinandersetzungen, ohne dass emotional irgendein ungutes Gefühl zurückbleibt, wieder versöhnen, ohne dass er diese Versöhnung etwa explizit ansprechen müsste. Nein, das erfolgt über Gesten, über Taten, es wird nicht thematisiert, nicht zerredet, es wird einfach ein neues Kapitel aufgeschlagen.

However, he expects a price for this. That is a certain acceptance of his rules. As long as people accept this, they can otherwise be as free as they want. But Kono does not accept any rebellion against the system. Those who try must face a very enduring and determined opponent. An opponent, however, who can accept defeat once he has realised that his tactics have failed. Then he can bring the whole process to a sudden end and completely start anew. When starting anew the past does not play a role any longer for him. By this method he is ready for peace again even after greatest conflicts, and no bad feelings are left with him. And there is no need for him to discuss this explicitly. Not at all. He rather communicates by gestures and deeds and does not use lengthy words. He just opens a new chapter in his relationship with the person he has found peace with again.

Umgang mit Schwierigkeiten

Teruo Kono ist ein friedlicher Mensch, der es auch liebt, in Ruhe gelassen zu werden. Treten dennoch Probleme auf, reagiert er nicht wie viele andere Menschen kopflos, desorientiert, verwirrt oder genervt, sondern er empfindet jede Schwierigkeit als Herausforderung, die ihm die Chance gibt, sich weiterzuentwickeln, an sich zu arbeiten, wieder einmal seine ganze Persönlichkeit einzubringen.

Daher macht er den Eindruck, als seien Schwierigkeiten für ihn so etwas wie ein Lebenselixier. Sie beleben ihn, sie machen ihn agil. Seine Augen sprühen vor Aktivität und vor Ideen und vor dem Verlangen, sich auseinander zu setzen, aktiv zu werden, die Dinge selbst in die Hand zu nehmen, zu versuchen, wie weit man gehen kann, ob man sie bewältigen kann und wenn ja, mit welchen Strategien man daran gehen könnte. Auf diese Überlegungen verwendet er viel Zeit und dadurch, dass er nicht an alten Verhaltensweisen festhält, sondern Freude daran hat, sich ständig neue auszudenken, kommt er zu unkonventionellen Lösungen, die man auf den ersten Blick so nicht erwartet oder nicht sieht und die in ihrer Einfachheit häufig verblüffen.

Dafür braucht man einen wachen, sehr aufgeschlossenen Geist und das Erlebnis vieler Erfahrungen oder auch die Fähigkeit, von den Erfahrungen anderer zu lernen. So ist seine Basis immer eine gute Informiertheit über politische, wirtschaftliche Dinge, über alles Mögliche.

Dealing with problems

Teruo Kono is a peaceful person who also likes to be left alone. If there should be problems he does not react panicky, disoriented, confused or frustrated like many other people do, but sees every problem as a challenge which gives him the chance to grow, to work on himself, and to bring in his entire personality in finding a solution.

This is why he leaves the impression that problems seem to be something like an elixir of life to him. Problems seem to revive him, wake his agility. His eyes gleam with activity and ideas and the desire to face the challenge, to become active, to solve the problems by own efforts, to test his strengths and find out if he is able to overcome them. And, if yes, what strategies he can use and how he can best approach the problem. He takes a lot of time to think about these things. And by the fact that he does not cling to old ways of behaviour, but rather delights in continuously finding new ways of behaviour, he succeeds in finding unconventional solutions which one did not expect at first glance or was not able to see and which are often surprising as to their simplicity.

To do this one must have a lively and very open mind and also have had many experiences in life including the capability to be able to learn from other people's experiences. So his basis is always to be well informed about current political and economical events and many many other things.

Ein besonderer Wesenszug zeichnet ihn dabei aus: er gibt nie auf. Sind große Schritte nicht möglich, gut, dann fängt man eben mit kleinen an, aber wenigstens diese kleinen Schritte muss man machen. Das ist das Mindeste was er von sich, aber auch von anderen verlangt. Bevor man anfängt zu jammern und zu sagen, das geht nicht, muss man es wenigstens einmal ernsthaft versucht haben. Das ist auch immer sein Prinzip, wenn andere in Schwierigkeiten waren. Wenn jemand ihn um Hilfe bittet, der es sich sehr bequem gemacht hat und gar nicht vorher nach Lösungen gesucht hat und auch nichts dafür getan hat aus den Schwierigkeiten allein herauszukommen, dann reagiert er mit einem gewissen Unverständnis und mit Langsamkeit darauf. Aber wenn jemand angefangen hat sich zu bemühen eine Lösung zu finden, erst einmal versucht hat, seine eigenen Fähigkeiten einzubringen, aber diese haben nicht ausgereicht, dann ist er immer sehr schnell zur Stelle und bietet sofort seine Unterstützung an.

Passives Verharren vor einer Schwierigkeit ist etwas, was er nicht nachvollziehen kann. Für ihn ist dies nicht akzeptabel, weil dies nicht zu einer Lebenstüchtigkeit führt. Egal was auch kommt, man muss sich aktiv mit den Dingen auseinandersetzen. Man muss sich unkonventionell damit auseinandersetzen, um die beste Lösung zu finden, alles, was man hat, einbringen.

Teruo Kono ist immer der Meinung, dass man das Leben in vollen Zügen genießen sollte. Alles, was sich einem bietet, sollte man ausprobieren, mitnehmen, erfahren, sich darauf einlassen, egal, ob man hinterher

In this context, Teruo Kono can look upon a very special trait of character: He will never surrender. If it is not possible to go forward with big steps, well, then one should at least go forward with little steps. But standstill is not allowed. That's the least he expects from himself, but also from others. Before starting to cry and say that this is impossible to do one must at least try to do it as best as possible. This has always been his principle when others were facing problems. When somebody asked him for help who remained sitting in his chair and did not try to find any solution to his problem or did not make any efforts to find a way out of his problems by his one, then Kono would react with a certain ignorance and reluctance. But when somebody has started to make own efforts in finding a solution to his problem, has tried to bring in his own abilities which then, however, proved to weak, then he always reacts quickly and immediately offers his help.

Passiveness in the face of problems is something hard to understand for him. This behaviour is unacceptable to him because it does not help people to learn how to master life. Whatever will happen one has to face things in an active way. One has to deal with these things in an unconventional way in order to find the best solution. That means to bring in all that one has.

Teruo Kono has always had the opinion that life should be enjoyed to the full. Whatever comes your way should be tested, carried along, experienced and one should open up to get involved whatever the outcome,

feststellt, es war eine gute oder schlechte Erfahrung, aber jede Erfahrung, wie sie auch immer sei, bereichere das Leben.

Trotzdem darf man sich aus Trägheit nicht eine andere vielleicht anstrengendere Erfahrung verbauen. Z.B. man hat den Abend vorher richtig gefeiert, trotzdem muss man am nächsten Tag seinen Verpflichtungen nachkommen, z.B. arbeiten, trainieren. Man muss eben, auch wenn es unmöglich erscheint, immer versuchen, alles hinzubekommen. Allein schon, dass man es versucht, ist ein Stück weit die Garantie dafür, dass es gelingen kann.

Oberflächliche Auseinandersetzungen mit einer Situation duldet er nicht. Er sagt immer, bei allem was man tut, müsse man von 1 bis 10 denken, aber die meisten denken nur von 1 bis 2, manche wenigsten von 1 bis 5, d.h. sie dringen nicht wirklich in die Dinge ein und setzen sich nicht bis zu Ende mit ihnen auseinander.

(Dan)-Prüfungen

Teruo Kono verlangt viel von einem Dan-Prüfling. Er muss nicht nur die ganzen Techniken in den Feinheiten beherrschen, nein, er muss auch eine gute Kondition mitbringen und dabei seine Aufmerksamkeit immer auf einem hohen Standard halten, sich nie gehen lassen während der ganzen Zeit und sich auch nicht durch Zwischenfragen, Hinweise, Tipps, Verbesserungswünsche aus dem Konzept bringen lassen.

good or bad. But every experience, whether bad or good, is an enrichment of life.

But you should not block yourself in making a different experience which requires more strength because you are simply too lazy. E.g. Intensive partying during the night cannot be taken as an excuse not to fulfil one's obligations the next day (e.g. going to work, the training session). You simply have to try, even if it seems impossible, to manage things somehow. The very attempt alone provides a good chance that things can really be managed.

Kono does not accept at all when people deal with difficult situations not seriously. He keeps on saying that, whatever you do, you have to think from 1 to 10. However, most people only think from 1 to 2; some at least think from 1 to 5. That means they do not really go to the heart of things and give up half-way.

(Dan) Examination

Teruo Kono requires much from a Dan examination candidate. He must not only master all the techniques with perfection, but also have a good physical shape and always keep his concentration on a high level. He must not let himself go astray during the whole period and lose his centre even when he is asked questions, given instructions or advice, or asked to make things better.

Doch dies ist nur die Oberfläche. Sein Augenmerk liegt auf etwas ganz anderem bei Dan-Prüfungen. Er verlangt Eigenständigkeit trotz der äußerlich festgelegten Formen. Er verlangt trotz körperlicher Anstrengung auch psychisch präsent zu sein. Sich mit sich intensiv auseinander zu setzen und sich nicht hinter Schwäche, Wut auf andere, den Umständen usw. zu verstecken, d.h., die Verantwortung ganz für sich zu übernehmen und sich dessen bewusst zu sein.

Teruo Kono denkt vor einer Bewertung darüber nach, was er über diesen Prüfling weiß. Was weiß er über seinen Werdegang, über seine persönlichen Beziehungen, persönlichen Verhältnisse? Alles bezieht er mit ein um zu entscheiden und zu realisieren, wie dieser Mensch an sich gearbeitet hat.

Dabei erinnert er sich auch sehr genau daran, wie dieser Prüfling in der Vergangenheit gewesen ist, wie seine Techniken vorher ausgesehen haben, wie er an Dinge herangegangen ist, ob er mit sich zufrieden oder unzufrieden war. Er registriert sehr genau die Weiterentwicklung, die jemand durchgemacht hat. Das bezieht er auch in seine Bewertung mit ein. Er verabscheut nichts mehr als Stillstand.

Dazu gehört auch, dass er guckt, wie sich jemand z.B. mit Verletzungen, Alter usw. auseinandersetzt. Zieht er sich dahinter zurück und sagt, „das kann ich nicht" oder setzt er sich damit auseinander, um bis an die jetzt noch mögliche Grenze zu gehen? Lässt er sich psychisch gehen oder hat er psychische Stärken?

But this is only the surface. His focus is on something quite different at Dan examinations. He requires independence despite the strict forms which are given outwardly. He requires full presence in mind despite the physical strain required. To intensively confront oneself with oneself and not hide oneself behind weaknesses, rage at others or the situation one is in, etc. That means to assume full self-responsibility and be aware of that.

Teruo Kono thinks about the things he knows about this candidate before giving points. What does he know about his personal history, about his relationships, and personal situation? All this aspects will be considered by him to find out how this individual has worked on him- or herself.
In this context, Kono also remembers how this candidate used to be in the past, how his techniques looked like, how he approached things, whether he was satisfied or dissatisfied with himself. He has a very fine perception as to how a person has grown personally and what kind of changes he or she has gone through. These things will also be considered by Kono when giving points to a candidate. Stagnation in life is the one thing he does not like at all.

Teruo Kono also observes how a person deals with things like injuries, the fact of becoming older, etc. Is someone running away from these things saying "I don't have the strength to deal with that" or does he or she confront these things in order to find out how far he or she can go? Is he or she weak in mind or does he or she has mental strength?

Er guckt auch sehr genau, ob jemand nur die äußere Form beherrscht oder ob er das verinnerlicht hat. Dies macht sich in Blicken des Prüflings, in Bruchteilen von Unterschieden im Timing, in Kleinigkeiten in Techniken deutlich.

Aber ihm ist auch vor allem wichtig, wie authentisch ein Mensch ist, in dem was er tut. Z.B. was ist seine Intention, diesen Dan-Grad unbedingt machen zu wollen? Gibt es im Moment gerade private Probleme und hat er sich deswegen in das Training hineinge-stürzt, um die anderen Dinge damit zu kompensieren? Manchmal mag das gelingen, aber meistens führt das dazu, dass man nicht in sich selbst ruhen kann.
Teruo Kono ist einer der wenigen, die dies in den Bewegungen erkennen kann. Teruo Kono kann die kleinsten Varianten in Bewegungen erkennen und daraus Schlüsse auf die psychische Befindlichkeit ziehen. Steht jemand wirklich ganz mit seinen Füßen und seinem Geist auf der Erde oder ist er sich dessen im Moment gar nicht bewusst, weil er mit dem Kopf zu sehr mit anderen Dingen beschäftigt ist, d.h. ruht er gar nicht in sich selbst? Dafür hat er ein sehr gutes Gespür. Wenn er merkt, dass jemand die falschen Gründe hat, z.B. eine Dan-Prüfung zu machen und damit auch innerlich gar nicht reif ist, dann beurteilt er das ganz stark mit. Das kann auch ein Grund sein, jemanden durchfallen zu lassen. Er will damit nicht etwa sagen, „du bist zu schlecht, es geht dir eigentlich sowieso schon schlecht und jetzt kannst du auch das nicht mehr". Ganz im Gegenteil, er möchte dadurch anregen, wieder zum Gleichgewicht zu finden. Sich

Kono also watches very carefully whether a candidate is only able to master the exercise as such or whether he or she has already internalized it. This can be seen in the looks of the candidate, in tiniest differences in timing, and in tiniest differences in how he or she applies the techniques.

But authenticity is most important to him. That means how authentic is a person in the things he or she does. E.g. what is his or her intention? To master this Dan level by all means? Is the candidate facing problems in his or her private life, and does he or she more or less "jump" into the training to compensate his or her problems? Sometimes this behaviour might help; but in most cases it makes it impossible to relax and remain centered.

Teruo Kono is one of the few people who are able to notice this in the movements of his students. Kono can notice tiniest differences in movements which tell him whether this person is psychologically balanced or not. Does this person really stand firmly on the ground with both his or her feet and mind, or is he or she not really centered because, without realizing it, there is too much thinking going on in the persons head? For such things Kono has really fine antennas. When he realizes that someone has the wrong motives when doing something, e.g. undergoing a Dan examination though the candidate is inwardly not mature enough, then this is strongly considered by him. This can be the reason why he lets someone fail the examination. By letting someone fail he does not want to say: "You are not good enough, you are feeling bad anyway, and now

bewusst zu machen, dass man natürlich Training auch als Kompensation für etwas benutzen kann, aber dass man dann nicht gleichzeitig die nächst höhere Stufe erreichen kann, dies ist sein Ziel. Es muss noch etwas anderes dazukommen, damit man seine innere Ruhe wieder findet.

Auf diese Weise formt er sich aus den körperlichen Fähigkeiten, den sportlichen Fähigkeiten, seinen Eindrücken über die Persönlichkeit, den Intentionen für Handlungen und Verhaltensweisen, dem persönlichen Weg, den der Prüfling gegangen ist, der Einstellung mit der etwas gemacht wird und vielen anderen Kriterien mehr ein Gesamtbild, was ihn dann dazu bringt, einem Prüfling die Bestätigung für seinen Weg in Form des nächsten Dan-Grades zu geben oder ihn unterstützend darauf hinzuweisen, an welchen Punkten er noch an sich arbeiten muss.

Jeder, der bei ihm durch eine Dan-Prüfung gefallen ist, kennt dieses unangenehme Gefühl, wenn man sich auf eine Prüfung vorbereitet hat und diese Prüfung dann nicht besteht. Dazu gibt es dann Hinweise, die in der Situation vielleicht gar nicht angenommen werden können. Lässt man sich aber darauf ein und verfolgt diese Hinweise, dann ist es möglich, sich daran weiter zu entwickeln.

Wenn man sich das zweite Mal dieser Prüfung stellt, hat sich in der Zwischenzeit viel verändert. Man kommt dann vielleicht selbst zu der Erkenntnis, dass es doch gut war, damals nicht einfach die „Belohnung" für

you are also unable to master this." Not at all. The contrary is the case. He does this as a stimulus to help the person to find his or her inner balance again. His aim is that people become aware that though karate training can well be used as a substitute for something else, it is not possible to advance to a higher level with such an attitude. Something else is needed to recover one's inner peace.

By this way he shapes an overall image from the physical and sportive abilities, his impressions of the personality, the intentions of actions and ways of behaviour, the personal way covered by the candidate, the attitude with which something is done and many other criteria. This all together then shapes his decision to either grant the candidate the next Dan level as a confirmation for him or her to continue his or her way or, otherwise to show the candidate in a supportive way where he or she still needs polishing.

Whoever has failed in a Dan examination held by him knows well the unpleasant feeling of failing after having worked hard to prepare for the examination. It may well be that the comments given by him in such unsuccessful situations cannot be accepted by those addressed. But if people succeed in accepting them and pay attention to these comments, then it is possible to use them to further develop.

When those who had failed take the examination a second time there will be much that has changed in the meantime. It is likely that one discovers by him- or herself that there was actually some good sense in not

etwas bekommen zu haben, das noch gar nicht gekonnt wurde. Erst dadurch wird eine bestandene Dan-Prüfung etwas wert. Die innere Zufriedenheit mit sich kommt durch die Übereinstimmung von eigener Leistung und „Belohnung", nicht dadurch, dass man die Prüfungen einfach macht, nachgeworfen bekommt, sich gar nicht dafür mit sich selbst auseinandersetzen musste. Nur an wirklichen Prüfungen kann man weiter wachsen.

Konos Idee ist, immer an seine Leistungsgrenze zu gehen, nur so erfährt man, was man wirklich kann. Denn das, was noch unter extremen Bedingungen möglich ist, ist das, worauf wir uns verlassen können, d.h. es gelingt immer.
Außerdem hat dieses An-die-Grenze-Gehen den Effekt, diese Grenze immer weiter hinauszuschieben. Das ist der eigentliche Weg der Vervollkommnung.

Erfahrungen und Erlebnisse mit dem Meister (Teil I)

Es war wieder einmal ein hartes Training. Als Ausgleich wurde abends ausgelassen gefeiert. Am nächsten Morgen war es Ehrensache, trotzdem wieder am Training teilzunehmen, wenn der Kopf auch noch schmerzte und der Magen rumorte. Wer nicht teilnahm, musste sich den Spruch von ihm gefallen lassen: "Wer am Abend hart trinken kann, kann auch am nächsten Tag hart trainieren" (oder?). Man darf sich eben nie gehen lassen.

having been "rewarded" for something that one was simply not able to do then correctly. Only by this does a successful Dan examination become valuable. Because true satisfaction arises only when one's own performance and the "reward" for it flow together, but not by the fact that one only takes an examination and is given the "reward" for nothing without having to confront yourself. Only true examinations can help one to grow further.

Kono's idea is to go to the limits of your strengths. Since only by doing so one does learn about one's true capabilities. Since what we can still do under extreme conditions is that special something on which we can truly rely, i.e. it will always be successful.
Apart from this, going-to-the-limits has the effect that limits can be steadily pushed forward. This is the actual way of self-perfection.

Encounters and experiences with the master (Part I)

Again, the training was very strict. In compensation for that there was intensive celebrating in the evening. It was a matter of honour to attend the training the next morning despite aching heads and upset stomachs. Whoever did not participate had to suffer the master's words: "Whoever is able to drink heavily in the evening, is also able to undergo hard training the next day, am I right or not?" That means one should never let oneself go.

Es findet eine Meisterschaft statt. Der Schüler startet in mehreren Disziplinen. Gleichzeitig muss er sich um die Organisation kümmern, weil es dort große Probleme gibt. In seiner Lieblingsdisziplin wird er diesmal nicht Erster und ist sehr unzufrieden darüber. Der Meister, der immer höchste Ansprüche stellt und nie eine Schwäche duldet, kommt an diesem Abend als einziger zu ihm und sagt: „Das kann man nicht, beides schaffen!"

Der Schüler geht beim Üben an seine Leistungsgrenze. Er kann wirklich nicht mehr. Der Meister spornt ihn trotzdem an. Der Schüler wird daraufhin noch schlechter. Der Meister spornt den Schüler in einer ähnlichen Situation nie wieder an.

Der Meister demonstriert eine Technik. Der Schüler versucht sie nachzumachen und denkt: „Ich muss also irgendwie so komisch stehen." Der Meister guckt sich das eine Weile an und sagt dann: „Nicht einfach nur irgendwie komisch stehen."

Der Schüler ist mit der Ausführung seiner Übung unzufrieden. Er analysiert sie von allen Seiten, aber sie gelingt ihm nicht. Der Meister kommt und sagt: „Du musst das natürlich machen."

Der Schüler steht übend in der prallen Sonne und versucht alles, um die Techniken perfekt zu machen. Er ist sehr unzufrieden mit sich, da es ihm nicht gelingt. Um ihn herum stehen andere Schüler, die schon lange ihre Bemühungen aufgegeben haben. Der Meister

There is a championship. The student participates in several disciplines. Parallel to that, he has to look after the organization since there are big problems. He does not become champion in his favourite discipline and he is very dissatisfied with this outcome. The master, who always places highest demands on his student and never accepts any weaknesses, is the only person to approach him on this evening saying to him: "It is impossible to succeed in both things."

The student goes to his limits during karate practise. He is really entirely exhausted. Despite this, the master spurs him to do even more. Upon this, the student's practise becomes even worse. The master then stops to spur on the student in similar situations.

The master demonstrates a certain technique. The student tries to imitate the same and thinks: "Somehow I have to stand in the same peculiar way." The master observes this for a while and then says: "Don't just stand there in a peculiar way."

The student is dissatisfied with the performance of his exercise. He analyses it from all sides, but he does not have any success in doing it satisfactorily. The master approaches him and says: "You have to do it in a natural way."

The student practices in the scorching heat and tries everything to perform the technique perfectly. He is very dissatisfied with himself since he does not succeed in doing so. There are other students standing around him who had given up there efforts long before.

kommt und sagt: „Unter diesen Umständen kann man das nicht so machen wie normalerweise."

Die Schüler stehen in einer Reihe, schwitzen, üben und haben Durst. Plötzlich reicht jemand „verbotenerweise" etwas zu trinken herum. Alle stürzen sich darauf. Nur ein Schüler bleibt stehen und übt weiter. Der Meister geht zu ihm und fragt: „Hast du keinen Durst?" Der Schüler, dessen Zunge am Gaumen klebt, sagt: „Nein." Der Meister lässt diesmal keine Pause machen. Der Schüler kann es kaum aushalten, während alle anderen wieder fit sind. Am Ende der Trainingseinheit lässt der Meister seine Tasche so stehen, dass der Schüler keine andere Möglichkeit sieht, als sie zu nehmen und hinter ihm herzutragen. So nah hat der Meister seinen Schüler noch nie an sich herankommen lassen.

Der Schüler geht immer wieder zum Training des Meisters, obwohl dieser ihn ignoriert. Von allen anderen Schülern dieser Gruppe weiß er bereits die Namen und schenkt ihnen Aufmerksamkeit, nur diesem Schüler nicht. Der Schüler ärgert sich darüber, trotzdem geht er weiter zum Training, weil er unbedingt etwas lernen will. Eines Tages viel später fragt ihn der Meister nach seinem Namen. Der Schüler antwortet: „Das ist nun auch nicht mehr wichtig." Der Meister lässt sich von jemand anderem den Namen sagen und spricht von da an den Schüler immer mit seinem Namen an.

The master approaches him and says: "Under such conditions it is impossible to perform this exercise the usual way."

The students are standing in one line sweating, exercising, and longing for something to drink. Suddenly somebody "illegitimately" passes around something to drink. All students race at it. Save one student who remains standing and continues his practise. The master approaches him and asks him: "Aren't you thirsty, too?" The student who almost dies of thirst says: "No!" This time the master doesn't grant the students any break. The student having not drunk anything is almost entirely spent while the others continue refreshed. At the end of the training session he leaves his bag sitting on the floor in a way that the thirsty student has no other alternative than to pick it up and carry it along behind his master. Never before that event had the master allowed any of his students to approach him so closely.

The student attends the master's training sessions again and again although he is ignored by him. The master already knows the names of all other students of this group and pays his attention to them, save for this student. The student is angry about this, but keeps on attending the training sessions since he is eager to learn something. One day after a very long time the master finally asks him his name. Upon this the student replies: "This isn't important anymore." The master then asks somebody else for this student's name. After this the master always addresses the student with his name. The master says: "This exercise requires all

Der Meister sagt: „Bei dieser Übung muss man alles geben." Der Schüler macht die Übung und gibt alles. Der Meister lässt die Übung noch einmal machen. Der Schüler kann nicht mehr. Der Meister sagt lächelnd: „Etwas Reserve muss man immer behalten."

Der Meister lässt eine Übung machen, die der Schüler nicht versteht. Er entschließt sich, sie irgendwie zu machen. Der Meister kommt und fragt: „Warum machst du das?"

Der Schüler macht eine Übung, die er schon viele Male vorher gemacht hat. Plötzlich fragt der Meister: „Was machst du da?" Der Schüler hat die Antwort vergessen.

Der Schüler steht im Freikampf. Der Meister gibt ihm technische Tipps. Der Schüler weiß, dass der Meister Recht hat, aber er weiß auch, dass er sie nicht umsetzen kann. Also macht er das nicht. Nach dem Kampf sagt der Meister: „Manche Menschen wissen allein, was sie tun müssen."

Das Training findet auf einem rauen Betonplatz statt. Der Schüler trainiert immer noch barfuss, obwohl alle anderen schon Schuhe angezogen haben. Es freut ihn ein bisschen, dass die anderen sich darüber ärgern. Der Meister kommt und fegt das Bein des Schülers. Alle Blasen unter seinem Fuß gehen schmerzhaft auf. Der Meister sagt: „Entweder du machst die Technik richtig oder du ziehst Schuhe an." Der Schüler sammelt sich kurz und übt weiter ohne Schuhe.

your strength." The student performs the practice putting in all his efforts. The master makes the students repeat the practice. The student is totally exhausted. The master smiles and says: "You should always preserve some energy as a reserve."

The master makes the students perform an exercise which the student does not understand. The student decides to try to perform it somehow. The master approaches him and says: "Why are you doing this?"

The student performs an exercise which he had been doing many times before. Suddenly the master asks him: "Why are you doing this like this?" The student doesn't know the answer any more.
The student is participating in freestyle fighting. He is given technical advice by the master. Though the student knows well that his master is right in what he is saying, he also knows that he will not be able to realize his master's advice. Therefore, he does not follow his master's advice. After the competition the master says: "Some people simply know by themselves what to do."

The training session takes place on a rough concrete yard. The student continues to practice barefoot although all others have already put on their shoes. The master seems to enjoy that the others are angry at that. The master approaches and sweeps away the student's leg. All blisters covering the student's foot painfully burst by this action. The master says: "Either you perform this technique correctly or rather put on your shoes." After a brief moment the student regains his control and continues to practice barefoot.

Lernen im Karate

Im Karate werden Übungen so lange mit Kraft und größtmöglichem Einsatz wiederholt, bis sie automatisiert sind, eine gewisse geistige Ruhe einkehrt, man nicht mehr darüber nachdenkt, was man eigentlich tut, ob man will oder nicht, sondern sich bedingungslos darauf einlassen kann.

Dadurch kann man Grenzen überwinden, die man von allein nie erreichen würde. Die Voraussetzung ist ein hohes Vertrauen zwischen dem Fordernden und dem Lernenden. Der Lehrende muss sich dieses Vertrauen durch Integrität verdienen, sonst ist der Manipulation Tür und Tor geöffnet, da mit ähnlichen Mechanismen auch in totalitären Systemen, beim Militär usw. gearbeitet wird.

Im Karate kommt beim Lernen ein starker Gruppendruck über die Uniformität der Rituale, Organisationsformen usw. auf. Diesem Druck kann man sich nur durch innere geistige Freiheit entziehen. Dies ist auch eine Fähigkeit, die im Karate von einem guten Karateka verlangt wird, da er sich nur so von einer Stufe zur anderen entwickeln kann.

Das Lernen im Karate erfolgt in drei Phasen:
Die erste Phase ist das bedingungslose Nachahmen, das sich darauf einlassen ohne abzuweichen. Die zweite Phase ist das darüber Hinausgehen, d.h. sich eigene Gedanken machen, eigene Ideen einbringen, ohne nach außen den bereits gewählten Weg schon zu verlassen. Auf dieser Stufe fängt das Karate an zu „leben".

Learning through and by karate

In karate exercises are repeated with power and utmost commitment again and again until they become automated, lead to a certain inner peace within the practitioner, make one stop thinking about what one actually does to finally make the Karateka become one with his or her practise.

By this you can overcome barriers which one would never try to approach alone. The basic requirement for this is a high degree of confidence between teacher and student. The teacher must gain this confidence by integrity. Otherwise, the door will be open to manipulation as is used in totalitarian regimes, in the military and other organizations.

While learning karate a strong group pressure develops by the uniformity of the rituals, the organizational forms, and other things. One can only escape this pressure through inner mental independence. This is also one of the capabilities which is required from a good Karateka since only by this very capability the Karateka is able to make progress in karate.

There are three stages in the karate learning process:
The first stage involves the unconditional imitation of what is demonstrated and full commitment without fleeing. The second stage involves going beyond imitation, that means to develop own thoughts, bring in own ideas without outwardly leaving the path already chosen. On this stage karate starts to become "alive".

Hat man auch auf dieser Stufe eine bestimmte Tiefe erreicht und ist man in der Lage, Dinge wirklich zu verstehen, anders miteinander zu kombinieren, sinnvoll aneinander zu reihen, anders zu strukturieren, damit umgehen zu können, dann ist es möglich, in die nächste Phase einzutreten, das darüber Hinausgehen. Aber auch in dieser Phase verleugnet man nicht die Erfahrungen, die man in den anderen Phasen gemacht hat, sondern man baut auf diesen auf. Das bedeutet auch, sich nicht von dem Respekt z.B. vor seinem Lehrer zu verabschieden, auch wenn man diesen vielleicht mit seinen eigenen Fähigkeiten schon überholt hat, denn über das hinaus zu gehen, was der Sensei (Lehrer) einem beigebracht hat, ist das eigentliche und höchste Ziel. Nur so kann sich das System des Karate über die Generationen wirklich weiterentwickeln, im Sinne von „vorwärts entwickeln". In dieser Phase muss man in sich selbst ruhend und authentisch sein.

Im Karate wird im Sinne einer Aufhebung des Geist-Körper-Dualismus gelernt, d.h. man geht von einer Wechselwirkung von Körper und Geist aus. Beim Lernen sind alle Sinne mit einbezogen, ohne diese analytisch voneinander zu trennen oder Prioritäten zu setzen. Dem liegt ein ganzheitliches, vernetztes Menschenbild zugrunde und damit auch ein entsprechender Lernansatz.

Dies bedeutet für den Lernenden, dass er das, was er lernen soll, in etwa erahnen aber nie im westlichen Sinne ganz „fassen" kann, genau auf den Punkt bringen kann.

Once you have reached a certain depth on this stage and you are able to understand things truly, to combine them with each other in a different way, to align them reasonably, to structure them differently, to be able to deal with them, then it becomes possible to enter the next stage, namely the going beyond. But on this stage, too, you do not reject the experiences made while going through the other stages, but one rather uses them as something to build on one's further progress. This also means to let go of the respect of, for example, one's teacher, even if one has already developed better skills than one's teacher. Since the actual and highest goal in karate is to go beyond that what you have been taught by your sensei (teacher). Only by this can the karate system further develop and successfully progress. On this stage you have to be peacefully rooted in yourself and be authentic.

In karate learning takes place by lifting the mind-body dualism. That means karate does not see a separation between mind and body, but rather sees them as closely correlated. Learning karate involves all senses without separating them analytically or giving priorities to a single aspect or single aspects. This learning approach is therefore based on an integral, interwoven image of man.

This means for the student that he can rather sense than logically understand the things he should learn.

Diese Ungewissheit soll dazu führen, dass er sich angespornt fühlt, weiter zu arbeiten und nicht irgendwann zu denken, er habe das Ziel bereits erreicht und könne nun mit Lernen aufhören. Es soll aber auch dazu führen, eigene Gedanken in das Lernen und in das Bestreben, das Ziel zu erreichen mit einzubringen und nicht nur auf die vorgegebenen Lernwege angewiesen zu sein.

Wenn man sich auf dieses Denken einlässt, dann bedeutet das eine sehr intensive, fast existentielle Auseinandersetzung, damit man dem Ziel nahe kommt. Man erreicht es nie, sondern muss ständig daran weiterarbeiten. Auf diesem Wege gelangt man aber zu den unterschiedlichsten Erkenntnissen und Erfahrungen, die einem bei einer analytischen Herangehensweise verborgen geblieben wären.

So ist ein ständiger Verbesserungsprozess für einen Asiaten selbstverständlich. Er empfindet es als naiv zu denken, dass man irgendwann ein Ziel wirklich erreicht hat und damit eine Sache abschließen könnte.

Es gibt immer wieder Diskussionen, ob das Lernen nach einem analytischen Verfahren schneller geht. Dies mag sein. Bis zu einem bestimmten Punkt kann man mit dem analytischen Verfahren kommen und bis dahin geht es manchmal auch schneller. Das Problem ist nur, dass man dann an diesem Punkt halt macht, dass es dann nicht mehr weiter geht oder man seine Lernstrategie verändern muss. Darauf lassen sich dann aber die meisten Menschen nicht mehr ein bzw. können sich darauf nicht mehr einlassen.

This uncertainty should lead the student to feel motivated, to continue his efforts, and not to start thinking some time along his ways that he has now reached his goal and that the learning has now ended for him. But it should also lead the student to bring in own thoughts into the learning and into his efforts to reach his goal and not to be exclusively dependent on the prescribed ways of learning.

Once you totally commit yourself to this way of thinking your life becomes a very intensive, almost existentially confrontation with yourself in order to come closer to your goal. You will never reach it, but you must continuously work on it. But on this way you will come to different insights and make various experiences which would remain undisclosed to you if you dealt with the matter in an analytical way.

Considering this, a continuous improvement process is something quite natural to Asians. For Asians it quite naive to think that someday a certain goal will truly be reached and that a certain matter can be finished for good.
Again and again there are discussions whether learning will take place in a faster way when doing it the analytical way. This may well be the case. The analytical approach will certainly lead you up to a certain point and sometimes help you to reach this point in a faster way. By going this way, however, the problem is that you will stop at that very point, that there will be a standstill forcing you to change your learning strategy. But at this stage most people are not willing or are not able to further commit themselves.

Der Unterschied dieses Lernens lässt sich an einem Beispiel verdeutlichen. Man kann z.B. sagen, dass der Fuß im 90 Grad Winkel stehen muss, die Faust nach 80-90% des Weges die größte Geschwindigkeit erreicht haben soll usw. Erreicht man dieses Ziel, braucht man sich damit nicht mehr auseinander zu setzen und die Technik ist gut, aber man spricht nur einen bestimmten Teil der Wahrnehmung an. Auf der ganzheitlichen Form dagegen kann kontinuierlich aufgebaut werden. Bei dieser Art des Lernens findet man selbst Dinge heraus, findet ständig Neues, auch ohne Anregungen von außen. Als Hintergrundinformation, wenn die Grobform schon gelernt wurde, können Zusatzinformationen nach der analytischen Methode dagegen sinnvoll sein (z.B. über biomechanische Prinzipien usw.).

Ebenso ist es beim Erlernen einer Sprache. Wir lernen Sprachen im Kindesalter normalerweise durch den Gebrauch, das Nachahmen. Nicht, indem wir erst die Grammatik lernen, dann die Vokabeln und dann das Zusammensetzen in Form von Sätzen.

Über das ganzheitliche Lernen ist auch immer eine sinnliche Erfahrung mit einbezogen, z.B. das sich Verständigen können, einen Effekt mit einer Bewegung erreichen. Dies ist der Ausgangspunkt um später bei dem, was wir damit anfangen, was wir damit tun, was wir damit erreichen können mit dem, was wir gelernt haben, ganz in uns selbst zu sein.

The difference in learning can best be demonstrated by an example. You can, for example, say that you should stretch out your foot in an angle of 90 decrees, accelerate your feast to highest speed at 80 to 90 % of full arm length, etc. Once having reached this goal you need no longer deal with that, but though the technique is mastered well only a certain part of one's awareness is activated by that. However, when doing the form in an integral way you are able to build on that and continually proceed on your way of learning. By this kind of learning you will discover things by your own, continually find new things without stimulation from the outside. Once the basic form is mastered additional information based on the analytical method may well be helpful serving as a kind of valuable background information.

The same is the case when learning a foreign language. Usually, children learn their mother language by imitation of what is said to them or in their presence. Children do not have to learn grammar first, then the vocabulary, and then try to put the words in a correct order.

Learning an integral way always includes a sensual experience, for example, to be able to make yourself understandable, to cause an effect by a certain motion. This is the starting point in order to be totally rooted in ourselves when later using the things we have learnt to proceed on our way with success.

Die Beziehung Lehrer-Schüler

Im Karate gibt es eine besondere Beziehung zwischen dem Lehrer (Sensei) und dem Schüler. Diese Beziehung stellt eine gegenseitige Verpflichtung dar. Nicht der Lehrer bringt seinem Schüler etwas bei und dieser hat es zu tun und wird dabei bewertet. Nein, der Lehrer hat die Verpflichtung sich in seinen Schüler hinein zu versetzen und ihn optimal zu fördern.

Der Schüler hat im Gegenzug die Verpflichtung, die Anregungen, die er bekommt intensiv und mit ganzem Herzen zu verfolgen, um dieser Fürsorge und Aufmerksamkeit des Lehrers würdig zu sein.

Dabei ist es nicht unbedingt nötig dem Schüler ständig etwas Neues zu erzählen, ihn ständig zu korrigieren, ständig Anregungen zu geben, sondern es ist auch möglich, ihn emotional anzusprechen durch die Präsenz, durch Gesten, durch das Hervorrufen von Gefühlen. Dies vertieft vielleicht sogar die Beziehung zwischen dem Schüler und dem Lehrer und ermöglicht dem Schüler, weit mehr in eine Materie einzudringen.

Das heißt, das Lernen erfolgt „von Herz zu Herz" und schafft eine tiefe emotionale Bindung zwischen Schüler und Lehrer, die zu einem hohen Niveau des Lernens führt. Der Schüler bekommt dabei nicht nur Einblicke in die Thematik, die er gerade erlernen soll, sondern auch quasi nebenbei Einblicke in die Lebensphilosophie des Sensei, sein Wertesystem.

Dies setzt eine große Offenheit beim Lehrer voraus, da dieser auch Transparenz ertragen können muss. Damit

The teacher-student relationship

In karate, there is a special relationship between the teacher (sensei) and the student. This relationship is based on a mutual obligation. It is not the teacher who teaches his student, and it is not the student's duty to do what he is told by his teacher and giving marks for that. Not at all. The teacher has the obligation to put himself in his student's place and support him in an optimal way.

The student's obligation is to follow the impulses given by his teacher with all his heart as a gesture of respect for the care and attention given by his sensei.

However, this does not mean and is not absolutely necessary to constantly tell the student new things, to constantly correct him, or to constantly give him impulses. No, the teacher can also reach his student emotionally by his very presence, by gestures, or by causing certain feelings to develop in his student. This way of contact is likely to even deepen the relationship between the student and his teacher, and enables the student far more to penetrate a certain matter.

In other words, the learning takes place on a "heart to heart" level and creates a deep emotional bond between student and teacher which leads to a high degree of learning. By this way, the student does not only receive insights into the subject which he presently has to learn, but also, in addition to that, insights into the life philosophy of the sensei and his system of values.

This requires great openness with the teacher since he must also be able to bear transparency. By this

werden Oberflächlichkeit oder Profilierung von beiden Seiten vermieden.

Diese emotionale Bindung bedeutet nicht eine totale Abhängigkeit, die in einer Abschottung gegenüber allem anderen gipfelt, sondern kann parallel zu anderen Formen der Informationsbeschaffung und Aufnahme stehen.
Ein guter Lehrer ist immer darum bemüht, dass sein Schüler sich nicht nur an ihm orientiert, sondern seine Eigenständigkeit darin zum Ausdruck bringt, dass er alle ihm möglichen Anregungen aufnimmt und verarbeitet.

Ein guter Lehrer wird sich immer an den Fortschritten seiner Schüler freuen, auch wenn diese nicht von ihm initiiert sind. Jedoch sollte der Schüler dabei nie seinen Respekt zum Lehrer verlieren. Das höchste Ziel eines Lehrers ist es, dass der Schüler mehr Wissen in sich aufnimmt, verarbeitet und beherrscht, als er selber. Was man selbst nicht in der Lage war zu lernen, das können vielleicht die kommenden Generationen lernen, wenn sie auf dem aufbauen können, was der Lehrer bereits weiß.

Wie man seinen Optimismus behält

Gutes Karate führt zu einer tiefen Zufriedenheit und einem damit verbundenen Lebensoptimismus. Diesen muss man sich erarbeiten über den Weg der intensiven Auseinandersetzung, das Lernen zu akzeptieren und

behaviour superficiality or doing things just to please the other side are avoided.

This emotional bond does not mean complete dependence and rejecting everything else, but can exist parallel to other forms of information procurement and absorption.
A good teacher always makes great efforts that his students not only rely on him, but maintain their independence in the form that they absorb all stimulation possibly coming their way and process them to their benefit.

A good teacher will always delight in any progress made by his students, even if they do not directly result from him. In the further developing process, however, the student should never let go of his respect for his teacher. The highest objective of a teacher is that his students absorb, process, and master more knowledge than he himself has. What one was not able to learn may be learnt by future generations if they can built on what the teacher already knows.

How to maintain your optimism

Good karate leads to deep satisfaction and, as a result from that, optimism in life. These life qualities have to be worked hard for by committing oneself to the way of intensive involvement, of accepting to learn, and of

die Erfahrung, dass es möglich ist, sich ganz zu öffnen, ohne dabei ein Risiko einzugehen oder sich manipulieren lassen zu müssen.

Dies bedingt, dass die Lehrer-Schüler-Beziehung intakt ist und vor allem, dass der Lehrer dieses Vertrauen auch verdient.

Man muss sich immer Herausforderungen suchen. Diese können entweder durch den Lehrer gesetzt werden, oder man sucht sie sich selber in den unterschiedlichsten Situationen. Stellt man sich diesen Herausforderungen, erlebt damit viele Dinge, besteht viele Situationen, die zuerst schwierig erschienen, schöpft daraus viel Kraft und eine gewisse Gelassenheit gegenüber den Dingen, die vielleicht gerade aktuell sind oder noch kommen werden.

Durch die tätige Auseinandersetzung mit Situationen kann man seine Kraft ständig neu erproben und wird dabei die Erfahrung machen, dass man sich auf sich selbst verlassen kann, dass man Lösungen für alles finden kann. D.h. durch Herausforderungen und dem sich Stellen von Herausforderungen gewinnen wir an Ausgeglichenheit, an Souveränität und an Optimismus. Dazu gehört auch, sich nicht an grüblerischen Gedanken über das „Könnte" und „Würde" zu verlieren, sondern klare, auf den unterschiedlichen Verstehensebenen angesiedelte Analysen, vorzunehmen, aktiv zu werden, nicht im Denken zu verharren, sondern Dinge auszuprobieren.

trying the experience that it is possible to completely open up oneself without risking anything or being manipulated in any way.

This requires an intact teacher-student relationship and, most of all, that the teacher is worth the trust given to him.

You always have to search for challenges. These may either be given by the teacher or one has to search for them by oneself in all kinds of situations. Once ready to face these challenges one experiences many interesting things, masters many situations which, at first glance, seem to be difficult, draws much power from that and gains a certain calmness in the face of the things with which one has to deal or which may still come up one's way.

By proactively dealing with situations it is possible to test one's strengths again and again leading to the experience that you can rely on yourself and are able to find solutions just for everything. That means that we become more balanced and gain in sovereignty and optimism by challenges and by facing them. This also includes not to get lost in musing thoughts on "I could or I should", but to make clear analyses on the various levels of understanding and then become active and test things without getting caught up in thinking.

Teruo Kono bezeichnet das immer mit dem Spruch: Es ist besser, nicht so tief zu denken. Was nicht etwa meint, dass man nicht denken soll oder nicht Dinge klar analysieren soll. Nein, es meint lediglich, dass man sich nicht auf eine grüblerische Art und Weise zurückziehen sollte, sondern sich aktiv und offensiv mit Dingen auseinandersetzen sollte. Nur so könne man die Schatten in seinem Kopf vertreiben und zu einer klaren Einschätzung und klaren Auseinandersetzung, die ein gutes Gefühl hervorruft und Lösungen findet, kommen.

Erfahrungen und Erlebnisse mit dem Meister (Teil II)

Es war wieder einmal eine Dan-Prüfung. Der große Meister sitzt allein in der Halle. Vor ihm stehen ein paar nervöse Prüflinge, die auf sein Kommando Bahnen laufen. Weit davon entfernt, in ehrfürchtiger Ruhe sitzen diverse Zuschauer und lassen die Szene auf sich wirken. Plötzlich ruft der große Meister einen der Zuschauer (auch ein Schüler von ihm) zu sich. Dieser muss unter den Blicken aller einmal quer durch die Halle auf ihn zugehen, verharrt dann vor ihm und wartet, dass ihm der Grund gesagt wird, warum er gerufen wurde. Doch Teruo Kono schweigt zunächst und lässt die Prüfung weitergehen. Der Schüler steht dort deplaziert, fühlt sich unwohl unter den neugierigen Blicken. Plötzlich sagt der Meister: „Es ist heiß in dieser Halle, nicht?" Der Schüler ist etwas verblüfft und sagt:

Teruo Kono always expressed this in a simple sentence: It is better not to get to deep into thinking. However, this does not mean to stop thinking at all or stop analyzing things clearly. No, not at all, it only means that one should not withdraw in a musing way, but should rather actively and offensively deal with the things coming up one's way. Only by this is it possible to chase away the ghosts in one's mind and come to a clear understanding and perception making you feel good and able to find solutions.

Encounters and experience with the master (Part II)

Once there was a Dan examination. The great master is sitting alone in the gymnasium. In front of him there are a few candidates feeling uneasy who start to run lanes upon his instruction. Far apart from the scene there are a couple of spectators watching and absorbing the scene in reverential silence. All of a sudden the great master is calling one of the spectators, who is also a student of him, to come to him. In order to reach the master this student is forced to cross the entire gym under the watchful eyes of all present. Upon reaching the master the student is silently awaiting to be given the reason for being called by his master. At first, however, Teruo Kono remains silent and lets the examination continue. The student is feeling out of place and uneasy under the inquisitive eyes directed

„Ja, es ist ziemlich heiß". Darauf lässt der Meister Stille
eintreten und kümmert sich nicht mehr um den Schüler.
Diesem wird die Situation unangenehm und so geht er
schließlich etwas irritiert wieder zu den anderen
Zuschauern. Er ist froh, wieder in der Masse ver-
schwinden zu können. Es vergeht einige Zeit. Plötzlich
wieder der Ruf des Meisters. Wieder geht der Schüler,
diesmal schon unsicherer als beim ersten Mal, durch
die leere Halle. Die Augen aller sind wieder auf ihn
gerichtet. Der Meister lässt wieder eine Weile ver-
streichen, dann sagt er: „Es ist wirklich sehr heiß in
dieser Halle." Dem Schüler ist das inzwischen sehr unangenehm und er sagt: „Ja, es ist wirklich extrem heiß."
Traut sich aber nicht zu fragen, worum es bei dieser
Unterhaltung eigentlich geht. Wieder scheint er völlig
überflüssigerweise gerufen worden zu sein. Schließlich
geht er wieder zu den anderen Zuschauern. Die
erwarten ihn schon gespannt und wollen wissen, was
gesprochen wurde. Der Schüler verlässt schließlich die
Halle, obwohl er die Prüfung eigentlich angucken
wollte, um nicht schon wieder gerufen zu werden. Er
sucht ein Thermometer (findet es in einem nahen
Schwimmbad) und entscheidet sich für eine Gradzahl
für die Halle. Beruhig geht er wieder in die Halle und
wartet darauf, gerufen zu werden. Es vergeht einige
Zeit, der große Meister guckt in seine Richtung und
lächelt, ruft ihn aber nicht.

Der Meister und sein Schüler fahren in einem Auto. Der
Meister bittet den Schüler, ihm etwas zu besorgen. Der
Schüler kommt zurück, gibt ihm die Ware und das
Geld. Der Meister sagt: „Danke." Der Schüler sagt: „Sie

at him. Suddenly the master breaks the silence: "It's hot in the gym, isn't it?" The student being somewhat confused replies: "Yes, it is rather hot." Upon this the master maintains silence again and does no longer pay any attention to the student. Feeling awkward in this situation the student is finally returning to the other spectators somewhat confused. He is glad to be able to "disappear" again in the mass of people. Some time is passing. All of a sudden, the master is calling once again. Again the student is passing through the empty gym, this time feeling even more insecure than before. All eyes are again staring at him. And this time, too, the master remains silent for a while until he is saying: "It is really very hot in this gym." The student meanwhile feeling extremely uneasy about the whole affair is replying: "Yes, it is really extremely hot." But the student does not dare asking the purpose of this kind of conversation. Again he seems to be called for no reason at all. Finally, he goes back to the other spectators. They are expecting him and very curious to learn what the master had wanted from him. Though very interested in watching the examination the student is finally leaving the gym to avoid being called another time. He is looking for a thermometer, which he finds in an outdoor swimming pool nearby, and is using it to estimate the exact temperature in the gym. Feeling at peace now he is returning to the gym ready to be called again. Some time is passing until the great master is looking in his direction with a smile without calling him.

The master and his student are riding in a car. The master is asking his student to buy something for him. Doing so, the student is returning giving him the things

brauchen sich nicht zu bedanken, war ja ihr Geld."
Einige Zeit später. Der Meister bietet dem Schüler
etwas an, was diesem gehört. Der Schüler nimmt es
und sagt: „Danke." Der Meister guckt nur kurz und
lächelt amüsiert. Hikiwake (unentschieden).

Der Meister demonstriert eine Übung und sagt zum
Schüler: „Diese Variante ist für dich, weil du nicht so
stark bist wie die anderen." Den Schüler ärgert, dass er
nicht so stark ist. Vor allem aber ärgert es ihn, dass er
sich über diese Äußerung des Meisters ärgert. Eines
Tages demonstriert der Meister wieder diese Übung
und der Schüler wartet auf die Bemerkung. Er ist sich
sicher, dass er sich diesmal nicht ärgern wird. Der
Meister blickt ihn an und sagt zu ihm: „Du brauchst
diese Variante nicht zu machen, du hast Kraft genug."
Und der Schüler ärgert sich wieder.

Der Meister äußert sich ironisch über Studenten. Den
Schüler, der auch Student ist, ärgert das jedes Mal,
was den Lehrer amüsiert. Der Schüler beschließt, sich
nicht mehr davon irritieren zu lassen. Eines Tages
steht der Schüler wieder da und gibt sich große Mühe,
aber der Meister sagt: „Studenten sind nun mal so."
Der Schüler dreht sich vom Meister weg, um seinen
Ärger nicht sichtbar werden zu lassen. Als er aufblickt,
lächelt ihn der Meister hinter ihm stehend im Spiegel
an.

and the change. Upon this the master is saying: "Thanks!" Then the student is replying: "Don't mention it, it is your money after all." Some time later. The master is offering something to the student belonging to the student. Upon receiving it the student is saying: "Thanks!" The master is looking only briefly at the student smiling seemingly amused. Hikiwake (draw).

The master is demonstrating an exercise and saying to the student: "This variant is for you since you are not so strong like the others."
The student is angry that he is not so strong. But most of all he is angry about the fact that he feels angry about the master's words. One day the master is demonstrating this exercise once again and the student is waiting for the same statement by him. He is sure that this time he won't be angry. The master is looking at him saying: "You need not perform this variant, you are strong enough." These words make the student feel angry again.

The master is making ironic remarks on the student. Each such remark makes the student feel angry something the sensei finds very amusing. The student then decides to feel no longer annoyed by this. One day the student is standing there again making great efforts. But the master remarks: "University students are all like this." The student is turning away from the master so that no one can see his anger. Upon looking upwards the student sees the master's reflection in the mirror, who is standing behind him smiling.

Der Schüler und der Meister stehen am Meer. Der Meister erklärt, warum das Wasser so blau ist. Der Schüler glaubt dem nicht, aber einem Meister widerspricht man nicht. Am nächsten Tag wiederholt der Meister, warum das Wasser so blau sei. Diesmal fasst der Schüler Mut, und in höflicher Form sagt er, was er darüber denkt. Der Meister hört zu, dreht sich zufrieden um und geht.

Der kleine Sohn des Meisters versucht halbherzig ein großes Schlauchboot auf den Strand zu ziehen. Da es nicht sofort gelingt, fängt er an unwillig zu weinen und ruft seinen Papa. Der bleibt ganz ruhig sitzen, guckt zwar unauffällig hin, kümmert sich aber nicht darum. Erst als der Junge ernsthaft an dem Boot zieht, steht er auf und hilft ihm.

Auf den Blickwinkel kommt es an

Teruo Kono ist jemand, der immer mit großer Aufmerksamkeit, Witz und Intelligenz möglichst viel Wissen über die unterschiedlichsten Bereiche in sich aufnimmt, um die Zusammenhänge um sich herum möglichst gut verstehen zu können. Doch er verliert sich nicht in diesen Details, nein, er benutzt sie, um auf unorthodoxe Weise ein realistisches Bild und manchmal ungewöhnliche Einschätzungen zu entwickeln.

The student and master are standing at the beach. The master is explaining to his student why the water is so blue. The student does not believe what his master is saying, but does not contradict his master because a student should not do so. On the following day the master repeats why the water is so blue. This time, however, the student plucks up his courage and says in a polite way what he is thinking about his master's opinion. The master listens to his student's words, turns around seemingly content and leaves the scene.

The master's little son half-heartedly tries to pull a big rubber dinghy onto the beach. Since he does not succeed in doing so at once he becomes frustrated and calls his father for support. But his dad remains peacefully sitting at his place watching him from the side without interfering. Only as the boy starts to pull at the boat in earnest does he get up to assist his son.

How to look on things is important

Teruo Kono is someone who absorbs knowledge of all kinds of things with great attention, humour and intelligence and to the greatest extent possible in order to be able to well understand what is happening around him. But he does not get lost in details. Not at all, he rather uses this information to develop, in an unortho-dox way, a realistic image and sometimes come to uncommon conclusions of the things having caught his attention.

Er betrachtet nicht Details, sondern Zusammenhänge. Dabei kann er von einer sehr dichten Betrachtungsweise, die nur eine Ausschnittbetrachtung erlaubt, bis hin zu einer weit entfernten Betrachtungsweise, die ihm die Zusammenhänge erkennbar macht, variieren. Hat er eine Einschätzung für sich gefunden, bleibt er nicht stehen, sondern versucht weitere Möglichkeiten herauszufinden. Das ermöglicht ihm eine vielfältige Betrachtungsweise.

Seine Gedanken bleiben nicht an einzelnen Punkten hängen, sondern können sich frei entfalten. So können sich hochkomplexe Systeme und Betrachtungen ergeben. Gedanklich zu spielen, auch die Betrachtungsweisen anderer mit aufzunehmen, mit einzubinden, macht ihm Spaß. Durch die Auseinandersetzung mit anderen vertieft er dies noch. Er kann seine Gedanken frei ziehen lassen, sie bleiben nicht irgendwo hängen.

Die Voraussetzung dafür ist wohl ein sehr gutes Gedächtnis. Mit seinen Gedächtnisleistungen verblüfft er seine Umgebung häufig. Er kann sich sehr gut Ereignisse, Daten, beteiligte Personen, Begebenheiten usw. merken. Er erinnert sich, wie die Techniken seiner Schüler vor zehn, fünfzehn oder auch zwei Jahren ausgesehen haben. Er kann deren Entwicklung nachvollziehen.

Aber er kann auch in die Menschen hineingucken. Er weiß sehr genau, mit wem er es zu tun hat. So weiß er ohne hinzugucken, was seine Schüler gerade machen.

He does not look at details, but rather at how things are correlated with each other. In doing so, he is able to change from a very focused way of observation, enabling him to get only a partial image of the matter, to a very remote way of observation, enabling him to see how things are correlated with each other. Once he has come to a conclusion, he does not stand still, but tries to find out other options. By this approach he is able to look at things in many and different ways.

His thoughts do not get caught up in single issues, but are able to flow freely. By this, it is able to produce highly complex systems and views. He certainly has fun in playing mentally and in considering and integrating the views of others. By arguing with others he is able to even further develop his position. He is able to let his thoughts flow freely which do not get caught up somewhere along the line.

The basis for this must be a well-developed memory. Kono often surprises the people around him with his excellent memorizing skills. He is very skilled in memorizing events, dates, people, and other things. He is able to memorize how his students' techniques were like 2, 10 or 15 years ago. Kono is able to retrace their development.

But he can also look inside people. He knows exactly with whom he is dealing. By this ability he knows what his students are currently doing without being required to use his physical eyes. That means, for example, to

Wann sich jemand z.B. eine Pause gönnt, seine Konzentration verliert, sich durch ein Gespräch mit seinem Nachbarn entspannt.

Das eigene Bewusstsein entscheidet

Ist jemandem etwas wirklich sehr ernst, merkt der Meister es sehr genau und geht auf diese Ernsthaftigkeit ein. Ein Beispiel: Ein Kind kommt zu ihm und sagt: „Ich möchte gern Karate lernen." Er fragt zurück: „Kannst Du denn schon eine Faust machen?" Das Kind merkt, dass es sich noch gar nicht ernsthaft mit seinem Wunsch beschäftigt hat.

Ähnlich ist es auch mit Erwachsenen. Manchmal kommen Menschen zu ihm und sagen: „Ich mache Karate und ich möchte gern Jiujitsu lernen. Kennen Sie eine Adresse, wo ich das machen kann?" Ist dieser Wusch nicht nur oberflächlich so daher gesagt, sondern ist es ihm wirklich ernst und er ist bereit sich dafür auch zu engagieren, dann geht der Meister ernsthaft darauf ein. So hat er vielen Menschen mit seinem persönlichen Einsatz dazu verholfen, im Mutterland des Karate seine persönlichen Kontakte zu nutzen, um damit die Chance zu haben, ihr Karate vertiefen zu können. Er ist immer hilfsbereit, wenn jemand ein ernst gemeintes Anliegen hat.

Doch man muss auch bereit sein, für die Erreichung der Ziele etwas zu tun, sich vielleicht in anderen Bereichen einzuschränken, die Prioritäten in seinem Leben anders zu setzen, sein Geld einzusetzen oder ähnliches, um Erfolg zu haben.

realize when somebody is giving himself a break, is losing his concentration, or is relaxing by talking with a fellow Karateka.

Your own consciousness is the key

The master has very fine antennas to realize if someone is really serious about something. If he feels this seriousness then he responds to this. Just one example: A child approaches him saying: "I want to learn karate." He asks in reply: "Are you already able to form a fist with your hand?" Upon this question the child then realizes that his wish is still lacking will and seriousness.

The same applies to adults. Sometimes people approach him saying: "I learn karate and I would like to do Jiujitsu. Do you happen to know a place where I can learn this?" If this wish is not just superficial, but is based on the true will to learn this, then the master pays serious attention to such requests. And Kono was always willing to help honestly seeking people by his personal commitment and personal contacts, and so helped many of his students to further develop and deepen their karate practise back in the mother country of karate. Kono is always willing to give a helping hand if some-body approaches him with an honest request.

One has to be really willing to do something for reaching one's goals. That means to spend less energy in other areas of life, to re-arrange one's priorities in life, or use one's money or similar resources in a way to achieve the success desired.

Karate ist ohne Angriff

Teruo Kono ist ein eigentlich auf Harmonie bedachter Mensch. Wenn es nicht unbedingt sein muss, möchte er keine Auseinandersetzungen. Lässt es sich jedoch nicht vermeiden, dann setzt er alles ein, was ihm zur Verfügung steht. Er sagt dann: „Wenn man kämpft, dann muss man bis zu Ende kämpfen." Das bedeutet für ihn auch z.B. in der Selbstverteidigung nicht aufzuhören, bevor der andere wirklich besiegt ist.

So geht er auch im Freikampf vor. Wenn sich jemand ihm zum Kämpfen stellt, gibt es kein Pardon. Denn es war die Entscheidung des anderen, sich auf einen Kampf einzulassen, also muss er auch die Konsequenzen tragen oder er muss vorher aufgeben.

Im Grunde genommen bedauert er es, dass es überhaupt nötig ist zu kämpfen.
Dennoch hält er Kämpfen für etwas Natürliches, was auch sonst in der Natur vorkommt und was er dementsprechend auch für den Menschen für leider natürlich hält. Er möchte durch eine höhere Moral, eine Religion oder etwas ähnliches, diese Notwendigkeit sich auseinander zu setzen immer mehr eingeschränkt sehen. Sein Ideal wäre, das Kämpfen überflüssig zu machen.

Er möchte zu gern an das Gute im Menschen glauben, daran, dass man sich nicht stark zeigen muss und dennoch von anderen in Ruhe gelassen wird, doch

Karate is not attacking

Teruo Kono is somebody who places much emphasis on harmony. If not required, he rather shies conflicts. But if such conflicts cannot be avoided, he then uses all his strength and power to face them. In such situations he uses to say: "If you have to fight, then you have to fight until the very end." For him this means, for example, not to give up in situations of self-defense before his opponent will finally be defeated.

The same attitude is used by him in freestyle fighting. If someone decides to challenge him, he is unrelenting since it was the other's free decision to oppose him. For this reason, the challenger must bear the consequences of his or her decision or must surrender beforehand.

Basically, Kono feels very sorry that fighting seems to be something that cannot be escaped.
On the other hand, however, he considers fighting as something natural, something which also occurs in nature. Following this, he also considers fighting as something quite natural among human beings, although he feels very sorry about this. Kono's desire is to see the necessity for people to confront themselves diminish more and more and replaced by superior ethics, a religion or by something similar. The ideal he is striving for is to make fighting totally superfluous.

He very much wants to believe in the good in man, that you do not have to show your strength and power in order to be let in peace by others. However, Kono's life

seine Lebenserfahrung spricht dagegen.

Daher ist er der Meinung, dass man an sich arbeiten muss, um stark zu sein, damit andere keine Lust auf eine Auseinandersetzung haben.

Man muss mit Karate oder zumindest in einer anderen Sache in seinem Leben einmal so extrem beschäftigt und engagiert sein, dass man daraus eine Sicherheit gewinnt, die einen unbeugsamen Geist hervorruft, d.h. eine Art des Denkens, von der man genau weiß, dass sie in die richtige Richtung geht und man geht diesen Weg so lange, bis er sich wirklich als falsch heraus-stellt. Daraus entwickelt sich eine innere Stärke und Kraft, die einem auch ermöglicht, dies auf andere Situationen zu übertragen, sich in sich selbst sicher zu fühlen bis man diesen Weg korrigiert und mit der gleichen Sicherheit eventuell einen anderen Weg geht. Unterstützt werden kann dies durch physische Fitness, die sich ebenfalls auf das Empfinden und die Sicherheit im Empfinden auswirkt.

Von welcher Seite man sich dem Ganzen nähert, ob von der geistigen oder von der körperlichen Seite, ist nicht so wichtig. Man kann von beiden Seiten kommen und beide Seiten haben auch Auswirkungen aufeinan-der. Jedoch darf keine Seite die Oberhand gewinnen. Beides muss gleichwertig und gleichgewichtig weiter-entwickelt werden. Nur daraus entsteht eine Harmonie in einem selbst.

„Karate ist ohne Angriff" bedeutet auch, erst dann die Initiative zu ergreifen, wenn es nicht mehr anders geht, d.h. nicht man selbst soll der Auslöser für irgendeine

experience is far from that desire.

For this reason, he is of the opinion that you have to work on yourself in order to be strong so that others do not feel like challenging you.

Once in your life you have to deal with or totally commit yourself to karate or, at least, to some other thing in your life since only in doing so are you able to gain a certain self-confidence which makes your mind strong and unbending. This means to develop a kind of thinking which helps you to find the right direction in your life. And you go along this path all the way until it truly proves to be the right or wrong way. This behaveour leads to a kind of inner strength and power which enables you to transfer this onto other situations of life, to feel secure in yourself until you correct the way you are on and, then, go on another way with the same portion of self-confidence. This can be supported by physical fitness which has positive effects on your intuition as well as on the confidence in your intuitions. From which side one approaches this matter, whether from a mental or physical one is of minor importance.

You can approach from both sides, and both sides affect each other. However, none of the two sides should be given priority. Since both sides have to be developed by considering them as equally important and as having the same value. Only by this does harmony develop in oneself.

"Karate is without attacking" also means to take initiative only if there is no other way. In other words, one should not be the initiator of any fighting activity;

kämpferische Aktivität sein, sondern der andere. Ist es jedoch so weit, muss man sich dem nicht passiv hingeben, sondern kann selbstverständlich versuchen mit allem was einem zur Verfügung steht, dem anderen zuvorzukommen, sich eine bessere Ausgangsposition zu verschaffen und natürlich zu gewinnen.

Gedanken zur Harmonie

„Wado" hießt übersetzt „der Weg des Friedens, der Harmonie". Den Frieden zu bewahren ist eins der höchsten Ziele, besonders auch für einen Karateka. Doch wenn andere dies nicht respektieren, kann es nötig sein, konsequent dagegen vorzugehen, um die Harmonie möglichst schnell wieder herzustellen.

Voraussetzung um den Zustand der Harmonie zu erreichen, ist, sich in andere hineinversetzen zu können, ihre Überlegungen in das eigene Handeln einbeziehen zu können, sich auch zurücknehmen zu können, um dem anderen Raum zu lassen.

Um eine eigene Position zu finden oder dem anderen zu ermöglichen seine Position zu finden, kann es manchmal nötig sein, konträre Standpunkte einzunehmen. Dennoch sollten diese nicht einfach so im Raum stehen bleiben, sondern bevor man auseinander geht, entweder zu einem Abschluss gebracht werden oder es sollte zumindest die Atmosphäre unter den handelnden Personen wieder neutralisiert werden. Dies gehört ganz wesentlich zur inneren und äußeren Harmonie dazu.

this should be left to the other side. But if fighting cannot be avoided, then you should not face it passively, but should try, with all your resources, to be ahead of the other, to place yourself in a better position and, of course, try best to win.

Thoughts on harmony

"Wado" means "the Way of Peace and Harmony". One of the highest objectives, especially for karatekas, is to keep their inner peace. But if others do not respect this, it may become necessary to resolutely take action against this in order to re-establish harmony as quickly as possible.

To achieve the state of harmony it is essential to find out how other people think and feel, to consider their thinking and feeling when you act, and also to be able to step back to give the other party more space.

In order to find out your own position or to enable your opposite to find his or her position, it may sometimes be required to take opposing views. However, these contrary views should not simply be left as they are, but should, before one separates, either be settled or, at least, harmonized by neutralizing the atmosphere between the acting persons. This is extremely important for establishing both inner and exterior harmony.

Nur so ist es möglich, z.B. den Gesprächsfaden später wieder einmal aufnehmen zu können, ohne dass das Denken an vorhergehenden Vorstellungen haften bleibt.

Für den Erhalt der Harmonie und die Wiederherstellung der Harmonie ist es wichtig, auch Gegensätze stehen lassen zu können und sie als Teil eines Ganzen zu begreifen. Nur durch eine Vielfalt, die man aushalten kann, kann Harmonie erzeugt werden.

Es ist nicht nötig, alles genau und exakt auf den Punkt zu bringen, man muss sich auch mit Unschärfen abfinden und diese auch ertragen können. Denn nur so lässt man sich selbst und auch seinen Mitmenschen den Spielraum, der nicht nur nötig ist, um sich gegenseitig zu respektieren, sondern auch, um Weiterentwicklungen möglich zu machen.

Zur Kampftechnik und Taktik

Für das Kämpfen ist es zunächst einmal wichtig, sich selbst zu kennen. Denn daraus entwickelt sich häufig, dass man auch andere verstehen und sich in sie hineinversetzen kann. Durch diese Erkenntnis steigen die Chancen zu gewinnen erheblich. Kennt man sich selbst nicht und kann auch andere nicht verstehen, dann hat man eigentlich schon verloren. Sollte man dennoch gewinnen, hat man einfach nur Glück gehabt.

Only by this is it possible, for example, to resume the dialog at a later point of time without the effect that the thinking remains caught up in past views and concepts.

For the preservation and re-establishment of harmony it is also important to be able to leave differences as they are and develop the understanding that they belong together like yin and yang and form an entity. Only by accepting variety are you able to achieve harmony.

It is not necessary to work out everything to the last, but one should rather accept and endure matters which are still unclear to oneself. Since only by this there will be sufficient elbowroom for yourself and your fellow being. This behaviour is not only an expression of respect of each other, but also enables further development.

About fighting technique and tactics

With regard to fighting one should at first know oneself. By this one often develops the ability to understand other people and their ways of feeling, reacting, and behaving. By this insight one increases one's chances of winning tremendously. If one does not know oneself and is not able to understand others, then there is actually no other alternative than to lose or get defeated. If one should still win, then one was simply lucky.

Es gibt natürlich auch die Variante, dass man entweder sich selbst oder den anderen versteht. Dann stehen die Chancen immerhin noch 50 zu 50, dass man gewinnen kann.

Kämpfen heißt also nicht sich etwas vorzunehmen und dann los, sondern verlangt eine intensive Auseinandersetzung und Sensibilität im Vorfeld. Man muss seine Umgebung und die Menschen wahrnehmen, sich mit ihnen auseinandersetzen, in sie eindringen. Sie so nehmen, wie sie sind und nicht nur blind seine Ideen durchbringen wollen.

Hinweise zu Kampftechniken oder –taktiken sollen dazu beitragen, dieses Verstehen von sich selbst oder von andern zu fördern. Dem kann man sich von verschiedensten Richtungen nähern. Man kann über die kognitive Ebene gehen, d.h. das rationale Verstehen oder durch ständiges Üben auf eine intuitive Ebene gelangen.

Im Karate wird japanisch traditionell der Weg über die Techniken, über das intensive Üben gegangen, bis diese zu Gewohnheiten werden. Auf die gleiche Art und Weise werden taktische Varianten eingeübt. Dadurch werden die Reaktionen frei, ungezwungen, den Umständen angepasst und erfolgen quasi aus unserem Unterbewusstsein. Diese Natürlichkeit schafft auch den zeitlichen Vorsprung, den man durch reines rationales Reagieren nicht erreichen könnte.

Of course, there is also the constellation that one either understands oneself or one's opposite. Under such conditions the chances of winning are at least at 50 %.

Taking all this into consideration fighting does not mean just to decide to do something and then go ahead, but rather requires intensive self-reflection and sensitivity beforehand. One has to be aware of one's environment and the people around oneself, to deal with them, and to "penetrate" them. One has to accept them just as they are and not blindly try to make the others accept one's ideas.

Instructions on fighting techniques or tactics should help to cultivate this understanding of oneself or others. One can approach this from different directions. One can approach the matter in a cognitive way, i.e. by way of rational thinking, or in an intuitive way by way of consistent practise.

Japanese tradition has it that in karate one is led the way by intensively exercising and learning techniques until they become a habit. By the same method tactical variants are practiced. By this the reactions become free, relaxed and adaptable to any situation flowing forth from our subconscious. This naturalness also leads to the timely advantage which one cannot achieve by reactions based on mere rational thinking.

Erst dadurch, dass wir viele Dinge, die man sonst beim Kämpfen bewusst entscheiden müsste, unbewusst ablaufen lassen können, schafft man Raum für Aufmerksamkeit, auswerten können der Situation, sich Zeit nehmen können für die Entscheidung und schafft somit die Voraussetzung für adäquate Reaktionen. Diese müssen zeitlich nicht unbedingt besonders schnell nach dem Auslöser erfolgen, sondern viel wichtiger ist, dass es die richtigen Reaktionen sind.

Phasen des Karate-Lebens

Das Karate beginnt, wie fast jede Entwicklung im Leben, durch Vorbilder, denen man nacheifert, durch die ständige Wiederholung von Situationen, in denen man sich befindet, bis man einen gewissen Grad der Geübtheit oder des Umgangs mit Situationen erreicht hat. An diesem Punkt ist man im Karate so weit, dass man an sportlichen Wettkämpfen teilnehmen kann.

Der sportliche Wettkampf ist ein eingeschränkter Ausschnitt des Karate, wenn auch ein wichtiger, bei dem man auch viele Erfahrungen machen kann.
Um im sportlichen Wettkampf bestehen zu können, muss man ein gewisses Vertrauen zu sich selbst haben und auch den Willen zur Zielerreichung praktizieren. So wichtig diese Phase auch ist, bedeutet sie auch, Äußerlichkeiten einen gewissen Stellenwert einzuräumen. Die Zeit der Wettkampfphase ist auch vom Alter abhängig und meist nach einigen Jahren für viele beendet. Pokale können eine sportliche Bestätigung sein und sagen auch etwas über den Umgang mit

Only by letting things flow subconsciously which one would otherwise decide by way of thinking, is there room for awareness, for properly assessing situations and for sufficient time to make adequate decisions. This is the basis for adequate reactions. These reactions must come forth just in time after being caused which, however, does not necessarily mean that they have to be particularly quick.

Stages of a karate life

Karate begins just like almost every development in life by taking someone as an example whom you want to follow as well as by steady repetition until one has acquired a certain level of practical experience or a certain skill in dealing with situations. Having reached this point in karate the time has come to participate in karate competitions.

Karate competitions are a restricted, but important part of karate which provide an opportunity for gaining much experience.
In order to be able to stand such competitions one has to develop a certain degree of self-confidence and also have and implement the will to reach goals. This stage is very important, but also includes to give certain priorities to formalities. The period for participating in competitions is dependent on someone's age and, for most karatekas, lasts only a couple of years. Cups or other trophies may be confirmations of athletic success and also tell something about how someone deals with

sportlichen Regeln und das Arrangement mit diesen Regeln aus. Sie sagen jedoch noch nicht viel über die persönliche Weiterentwicklung aus.

Im Wettkampf hat derjenige gewonnen, der die meisten Punkte hat und den Pokal nach Hause bringt. Damit kann man einen Schlussstrich unter bestimmte Phasen setzen und diese als abgeschlossen betrachten.

Im Budo-Karate ist dies jedoch nicht möglich. Hier geht es um die permanente Vervollkommnung, um die kleinste Variante auf dem richtigen Weg, auch wenn zunächst der Erfolg, den man damit hat oder der Gewinn, der sich daraus ergibt oder ergeben könnte, nicht erkennbar ist. Dies setzt ein hohes Maß an Kontinuität im Handeln und eine hohe Sensibilität voraus.

Ist man unsensibel, sieht alles gleich aus. Lässt man sich jedoch ein und entwickelt ein Gespür dafür, dann kann man „an einem Ding hundert Dinge" erkennen, wenn man sich intensiv genug auseinandergesetzt hat. Durch diese Wahrnehmung kleinster Differenzierungen ist es möglich, in jedem Bereich bis an die persönliche Grenze zu gehen. Unabhängig davon ob diese Grenzen psychisch oder physisch sind.

Daraus kann man sich dann die optimale Kombination für sich selbst und seine eigenen Fähigkeiten zu-sammensetzen. Dies kann eine Kombination aus psy-chischen Dispositionen, körperlichen Möglichkeiten, physikalischen Größen (z.B. Länge der Arme und Beine usw.) sein.

and handles competition rules. However, they do not tell much about the personal development of the competitor.

In competition the winner is that person who has scored the most points and is awarded the winner's cup. By this practice it is possible to bring certain stages to a final end and consider them as closed.

In Budo karate, however, this is not possible. Here the matter is about consistent self-perfection and self-cultivation, about smallest variants on the right way even if the success achieved by it or the benefit gained or likely to be gained from it may not be visible at first glance. This requires a high amount of continuity in action and also a high degree of sensitivity.

If sensitivity is lacking all looks pretty much the same. But if one is willing to really get involved and if one develops a feeling for it, then one is able to recognize "a hundred things in a single thing" provided that one has approached and dealt with the matter with due intensity. By this perception of smallest differences it becomes possible to proceed to one's personal limits in each area of life. Regardless whether these limits are mental or physical.

With regard thereto one is able to compose an optimum combination for oneself based, for example, on one's mental disposition, physical abilities, and bodily dimensions (e.g. length of arms and legs, etc.).

Es gibt hier keine objektiven Maßstäbe. Nicht der, der schnell reagiert, ist der Beste oder der, der am größten oder stärksten ist. Nein, die optimale Kombination für sich selbst bringt das Optimum. Dieses herauszufinden und zu vervollkommnen macht den Reiz einer lebenslangen Auseinandersetzung mit Karate aus.

Am Anfang seines Karate-Lebens muss man diese mangelnde Abstimmung der Fähigkeiten noch durch Kraft oder besonders viel „Biss" kompensieren. Schließlich übt man so lange, bis man keine Kraft mehr braucht, bis durch die optimale Kombination sämtlicher Fertigkeiten und Fähigkeiten alles wie scheinbar von selbst geht.

Teruo Kono ist es immer wichtig, dass das Sportkarate und das Budo-Karate nebeneinander existieren und auch im Üben von vornherein beides mit angelegt und angeboten wird. Setzt man diese Phasen klar voneinander getrennt hintereinander, schaffen viele den Übergang von der Wettkampfphase zur permanenten Vervollkommnung und zum Spaß an der Vervollkommnung nicht.

Das ist schade, da dem Karate viele Talente verloren gehen und den einzelnen Menschen die Möglichkeit verloren geht, einen Ruhepunkt wie einen roten Faden durch ihr Leben ziehen zu lassen.

Lässt man sich auf diese Phasen und das Denken im Karate ein, kann man an Leistungsgrenzen kommen, wie sie sonst nur Extremsportler (z.B. durch die

In this context, there are no objective measures. Not the one who reacts fastest or who is the tallest or strongest is the best. No, but it is the optimum individual combination that makes up the optimum for oneself. To find out and cultivate this optimum is the very appeal to get involved with karate for an entire lifetime.

At the beginning of one's karate career one still has to compensate this undeveloped harmonization of skills by strength or much bite. Eventually, one practices to the point where power is no longer needed, that is, until the optimum combination of all skills and abilities makes one do karate seemingly automatically.

For Teruo Kono it is always important that sport karate and Budo karate do exist side by side and that both are offered and included in training. Many who approach these two stages separately and try to practise them one after the other, often fail in changing from the competition stage to the stage of steady perfection and, thus, may not experience the fun in perfecting oneself.

This is really a pity since by this linear approach many talented karatekas are left behind and have no opportunity to develop a centre of peace and calmness running through their lives like a red thread.

If one commits oneself to these stages and this karate thinking, then one is able to reach limits of one's capacity which otherwise are only reached by sportsmen seeking extreme challenges (e.g. climbing

Besteigung eines hohen Berges oder etwas ähnliches) erreichen. Auf diese Erfahrungen kann man später in schwierigen Situationen immer wieder zurückgreifen und daraus Ruhe und Kraft schöpfen.

Die äußeren Formen

Äußere Formen dienen der Beeinflussung der inneren Zustände. So kommt dem Grüßen eine besondere Bedeutung zu. Man soll dadurch den Respekt vor dem anderen lernen, ohne gleichzeitig in seiner Aufmerksamkeit und seinen Zielsetzungen nachzulassen.

Aus dieser Wahrnehmung des anderen, ohne sich selbst dabei zu vergessen, kann eine faire Auseinandersetzung, die für beide eine Weiterentwicklung bedeutet, erwachsen. So versucht man über die äußeren Rituale eine innere Haltung zu erzeugen.

Lässt man sich darauf ein, erzeugen später allein die Rituale schon einen inneren Zustand (z.B. der Ruhe oder Distanz zu Alltagsdingen), ohne dass es zu den eigentlichen Übungen, die mit den Ritualen eingeleitet werden, gekommen ist. Davon kann man in vielen Lebenssituationen profitieren oder man kann diesen Effekt auch in vielen Situationen bewusst nutzen und einsetzen.

Das rituelle Verbeugen hat nichts mit Unterwürfigkeit zu tun. Es ist lediglich ein Symbol und bewirkt eine innere Haltung, die es erlaubt, sich auch immer wieder einen Schritt zurückzunehmen, sich von einer anderen

high mountains or similar challenges). One can afterwards draw from these experiences in difficult situations and take them as a source of peace and power.

Outer forms

Outer forms serve to have an effect on inner conditions. For this reason, the salutation ritual has particular significance. By it, one should learn respect of the other without giving in to one's awareness and objectives.

By this awareness of the other without forgetting oneself in the act of saluting a fair "confrontation" may develop which means further development for both parties concerned. So the purpose of outer or formal rituals is to create a certain inner attitude.

If one is willing to do this, the rituals alone will later generate a specific inner condition (e.g. peacefulness or distance to everyday events) before the actual exercises begin. One can benefit from that in many situations of life or can consciously make use of this effect in many situations.

The ritualized bowing has nothing to do with submissiveness. It is simply a symbol and causes an inner attitude which allows oneself to always get back one step, to look upon oneself from a different angle

Warte aus zu betrachten und daraus seine Richtung neu zu bestimmen.

Ist man an dieser inneren Entwicklung nicht interessiert, könnte man konsequenterweise z. B. das Ritual des Verbeugens im Karate auch sein lassen. Wenn man sich heute viele Wettkämpfe im Karate anguckt, in denen der Respekt vor dem Gegner nicht mehr gegeben ist, sondern wo es ausschließlich um das Gewinnen geht, ohne dem anderen eine Chance für seine Weiterentwicklung zu lassen und ohne diese überhaupt mit im Kalkül zu haben, dann wirken diese Rituale komisch und unangemessen. Vielleicht wäre es besser, wenn man diesen Anspruch nicht dahinter hat, sie dann ganz sein zu lassen.

Seine Pflicht tun und genießen

Teruo Kono ist ein Pragmatiker. Er versteht es, in unseren Augen widerstrebende Dinge in Einklang zu bringen. So ist er der Meinung, dass man alle Verpflichtungen, die an einen herangetragen werden, auch erfüllen muss, z.B. seine Verpflichtungen in seinem Job oder gegenüber seiner Familie oder seinen Freunden, seinen Kindern usw. Diese Verpflichtungen allein sind schon häufig viel zu viel für einen Menschen.

Doch was zählt ist nicht, alle Verpflichtungen optimal einzulösen, das geht gar nicht, sondern es wenigstens zu versuchen, ohne eine dieser Verpflichtungen absolut in den Vordergrund zu stellen und alle anderen dabei zu vergessen.

and then re-adjust the direction which one wants to go.

If one is disinterested in this inner development, then, as a matter of logic, one could do without the ritual of bowing in karate. In many karate competitions nowadays where there is no longer true respect of one's opponent, where winning is the primary goal and where no opportunity is given to the other side for further development or even considered, these rituals really look funny and inappropriate. Perhaps it would be better for those who do not have this claim to completely do without these rituals.

Meet your obligations and enjoy them

Teruo Kono is a pragmatic person. He is able to harmonize things which do not seem to match in our eyes. So he is of the opinion that one has to meet all one's obligations with which one is confronted in life, e.g. in one's job, towards one's family or one's children or friends, etc. These obligations taken alone are often more than people can bear.

But what matters in this context is not to meet these obligations with perfection – this does not work, but at least to try to fulfill them without giving top priority to any of these obligations while neglecting all others.

Für ihn liegen diese Prioritäten immer in seinem Job, im Karate und seiner Familie.

Läuft einmal etwas nicht so wie er es sich gewünscht hätte, analysiert er es kurz, um daraus Rückschlüsse für die Zukunft zu ziehen, aber bleibt nicht an diesen Gedanken hängen, lamentiert nicht über Unabänderliches, sondern wendet sich sofort wieder der Gegenwart und der Zukunft zu.

An diesem Punkt drängt sich natürlich die Frage auf, was denn an solch einem Leben überhaupt noch selbstbestimmt ist. Die Selbstbestimmung kommt nicht etwa dadurch, dass man seinen Pflichten nicht nachkommt, nein, Selbstbestimmung kommt dadurch, dass man sich seinen Pflichten stellt, Prioritäten transparent macht, aber gleichzeitig in den Freiräumen sein Leben genießt.

Und auch das tut Teruo Kono konsequent. Er umgibt sich mit schönen Dingen, mit angenehmen Menschen (soweit er es beeinflussen kann) und kann aus allem etwas für sich herausziehen, etwas, das ihm Spaß macht, etwas, das ihn zum Lachen bringt, etwas, das seinen Humor herausfordert.

Auf diese Weise wahrt er immer auch eine gewisse Distanz zu sich, seiner Umgebung, den unterschiedlichsten Dingen und dennoch setzt er sich intensiv auseinander, ohne in grüblerische Schwere zu verfallen.

Ganz im Gegenteil, er setzt sich mit einer gewissen Leichtigkeit und Freude mit allem auseinander und hat

Kono's priorities are always his job, karate, and his family.

If there is something which does not meet his expectations, then he briefly analysis the case in order to draw conclusions from it for the future. But he does not get caught up in his thoughts, does not complain about things which cannot be changed, but quickly comes back to the here and now and the future.

At this point the question arises quite naturally if there is still room for self-determination in such a life. Self-determination does not develop by the fact that one does not meet one's obligations. No, not at all. It rather manifests itself by facing one's obligations, making priorities transparent, but simultaneously enjoying life in one's free time.

And this, too, is done by Teruo Kono in a resolute way. He surrounds himself with pretty things, with pleasant people (to the extent that he has an influence on that) and is able to gain something from everything, something which makes him fun, something which makes him laugh, something which provokes his humour.

By this way he always keeps a certain distance to his own person, his environment and to different kinds of things. Despite this he gets intensively involved without falling into a brooding mood.

Quite the contrary is the case. He gets involved with a certain easiness and joy and seems to have almost

dabei eine schier unerschöpfliche Energie, die nicht nur für sein eigenes Leben oder das seiner engeren Umgebung reicht. Das macht seine Präsenz und Ausstrahlung aus und macht ihn zu einem herausragenden Menschen, einem wirklichen Meister des Budo.

Die Ausstrahlung und der „Wert" eines Menschen

Die Ausstrahlung eines Menschen bemisst sich nicht danach, wie viel Geld er verdient, wie viele Freunde er hat oder wie viel Ansehen er genießt. Der „Wert" eines Menschen - und jeder, der zu sich ehrlich ist, kann dies auch spüren - bemisst sich danach, wie intensiv (auch vor dem Hintergrund des eigenen Ausgangspunktes) er sich um seine Weiterentwicklung bemüht hat.

Dies verdient Respekt und macht einen Menschen zu einem Menschen mit Ausstrahlung, der auch von anderen respektiert werden kann, zu einem wahren Sensei.

Dabei ist es egal, in welchen Bereichen man diese intensive Auseinandersetzung mit sich selbst betreibt. Ob das durch Meditation ist, durch einen Sport, durch eine künstlerische Tätigkeit oder den perfekten Umgang mit dem Alltag. Wichtig ist, dass man einen Punkt in seinem Leben hat, der einem wirklich etwas bedeutet, für den man sich engagieren will, den man wirklich bis zu Ende verfolgt, alles darauf bezieht, alles mit einbezieht, einmal wirklich versucht, etwas von Anfang bis Ende zu tun, ohne auf dem Weg halb umzukehren, sein Ziel aus den Augen zu verlieren oder

inexhaustible energies which are beyond what is needed for himself and his inner circle of contacts. This is what makes up his presence and charisma and makes him a noble being, a true master of Budo.

A person's charisma and his/her "worth"

The charisma of an individual is not measured along how much money he or she earns, how much friends he or she has, or by the reputation he or she enjoys. The "worth" of an individual – and each of us who is really honest to him- or herself can really feel this – is measured along how intensively we have struggled to further develop or cultivate ourselves (seen against the background from where someone starts).
This effort deserves respect and makes an individual somebody with charisma worth to be respected by others and also makes one a true sensei.

In this context it does not matter at all in which areas of life a person commits him- or herself to intensive self-inspection. It does not matter if one chooses the way of meditation, of sports, of art or of perfectly dealing with everyday events. But what matters is to have a focus in one's life which is really of importance to oneself, to which one is really committed, which one truly follows up to the final end, to which one relates everything including everything. It is important to once really try to commit oneself to something from beginning to end without turning halfway, losing sight of or having one's

sich ablenken zu lassen; nicht um der Anerkennung der anderen wegen, sondern aus innerem Antrieb einem Ideal nacheifern, es anzustreben. Viele verlieren diesen „Biss" leider im Laufe des Lebens.

Umgang mit Niederlagen

Es lässt sich nicht vermeiden, dass wir hin und wieder Niederlagen hinnehmen müssen, d.h. ein Ziel, das wir uns gesetzt haben, nicht erreichen. Dabei spielt nicht so sehr eine Rolle, ob wir die Herausforderung bestanden haben oder nicht, sondern viel wichtiger ist, wie wir damit umgehen. Sich bei einem Erfolg zu freuen ist nicht weiter schwierig. Jedoch dürfen wir auch Erfolge nicht als damit abgeschlossen betrachten, sondern quasi als „unterste Stufe einer neuen Herausforderung." Denn wenn wir einen Erfolg haben, ist das „die erste Stufe auf die wir quasi neu gestiegen sind." Und es ist die „unterste Stufe von dem, was folgt", wie Teruo Kono es immer nennt.

Bestehen wir eine Herausforderung nicht, ist das zunächst ein unangenehmes Gefühl, denn normaler-weise stellt man sich einer selbst gewählten Heraus-forderung nur, wenn man der Meinung ist, dass man sie auch bestehen kann.
Hat man sich der Herausforderung in einer Situation gestellt, die man akzeptieren konnte, d.h. kannte man die Bewertungsmaßstäbe, sollte man auch so konsequent sein und bei einem Misserfolg dies nicht in Frage stellen, sondern nach einer verständlicherweise

mind taken off one's goal, and to strive for an ideal not for the sake of recognition, but for the sake of an inner desire or impulse. Unfortunately, many lose this "bite" in the course of their lives.

Dealing with defeats

It cannot be avoided that from time to time we have to accept defeats, i.e. not reach a goal which we wanted to reach. In this context it is not of primary importance whether we have mastered the challenge or not, but what truly matters and what is far more important is how we deal with such situations. It is quite simply to delight in having success. However, we should not even consider successes as something which puts a final end to something, but rather as "the lowest stage of a new challenge." Since when we do have success it is "a first new stage which we have reached". And, as Teruo Kono uses to say, it is the "lowest stage of what will follow".

Not mastering a challenge will, quite naturally, lead to unpleasant feelings since quite commonly one only exposes oneself to challenges if one has the opinion that such challenges can be mastered by oneself.
If one was willing to face a challenge in a situation which had been acceptable to oneself, i.e. one was able to judge the situation beforehand, then one should, if one fails, be firm in one's thinking and not question the failure. In such a situation of failure one should rather, after a brief period of grief, which is quite

kurzen Zeit, in der man sich nicht besonders gut fühlt, wieder die Initiative ergreifen und sich aktiv mit der Frage auseinandersetzen, wo die Gründe für den Misserfolg liegen.

Es ist in solch einer Situation sicher zu einfach, die Gründe bei der Umgebung zu suchen. Vielmehr muss man sich selbstkritisch hinterfragen, sich neue Ziele setzen und an sich arbeiten.

Häufig ist man erstaunt, welche Fortschritte nach einem Misserfolg möglich sind. Man stellt fest, was man alles anders machen könnte, probiert nun verschiedene Dinge aus, gelangt zu vielen neuen Erkenntnissen und Erlebnissen, die man, hätte man die Herausforderung bestanden, nie gesehen hätte.

Daher ist es manchmal wichtig auch Misserfolge zu haben, da diese neue Energien freisetzen können, die man sonst nicht erlebt hätte.

Damit man in diesen Prozess eintreten und diesen akzeptieren kann, ist es wichtig, dass man den Maßstab akzeptiert oder die Personen akzeptiert, die die Maßstäbe setzen.
Dies sind in der Regel Personen, die sich über einen langen Zeitraum intensiv und ernsthaft mit einer Sache auseinandergesetzt haben, jedoch nicht, um daraus persönliche Vorteile zu ziehen, sondern um der Sache selber willen.

Irgendwann werden wir alle selber einmal in die Situation kommen, eine Art „Prüfer" zu sein. Dann

natural, take up the initiative again and proactively deal with the reasons which have caused the failure.

When one is confronted with failure it is certainly to simple to blame others or certain circumstances. One must rather critically look into oneself, set up new goals and work on oneself.

Often one is astonished which progresses can be made after failures or defeats. Failures provide the chance to realize what one could do in a different way making one try to do new things, arrive at new insights and experiences which one could have never made or seen if the failure had not occurred.

For this reason, it sometimes is important to also suffer failures since these may release new energies which, otherwise, one had never experienced.

In order to be able to enter and accept this process it is important to accept the given standards or persons setting these standards.

Generally, these are persons who have intensively and earnestly dealt with a certain matter over a long period of time, but not for personal enrichment, but for the sake of the matter as such.

Some day we will all be confronted with the situation to be some kind of "examiner", too. Then, we will only be

werden wir diese Funktion nur wahrnehmen können, wenn wir uns ohne Eitelkeiten oder andere persönliche Ambitionen, ernsthaft und mit Einsatz mit einer Sache auseinandergesetzt haben und daraus eine Kraft schöpfen, die uns sicher in uns selbst sein lässt. Sollten wir dies nicht erreichen, kann niemand unsere Entscheidungen akzeptieren oder wir müssen uns hinter Oberflächlichkeiten verstecken, die sowohl für uns selbst wie für andere bei genauer Betrachtung unbefriedigend sind.

Verhalten bei Feiern

Teruo Kono ist der Meinung, dass es neben dem harten Training auch einen Ausgleich geben muss. Eine Art informeller Zirkel, wo die Regeln im Dojo aufgehoben sind, d.h. einen Freiraum, in dem der Schüler seinem Lehrer ungeschminkt sagen kann, was diesen bewegt, ohne auf die Hierarchie Rücksicht nehmen zu müssen. Dieser Freiraum sind z. B. Feiern, die im Rahmen von Lehrgängen u. ä. abgehalten werden. Am nächsten Morgen hat sich dadurch aber nichts verändert.

Entsprechend der japanischen Tradition gehört zum Feiern auch der starke Alkoholkonsum, da nur im berauschten Zustand alle künstlichen Verhaltensweisen ausgeschaltet sind und der eigentliche Kern des Menschen zum Vorschein kommt. Bei diesen Feiern kommt es oft vor, dass die Meister ihre Schüler einladen, da diese häufig beruflich noch nicht etabliert sind und von daher nicht über so viel Geld verfügen,

able to perform this function duly if we have dealt with a matter without vanity or other personal ambitions, but with seriousness and real commitment, and have gained a power from that which has made us secure and authentic. Should we not have reached this point, nobody will accept our decisions. Otherwise we have to hide behind superficialities which, taken at a closer look, are dissatisfactory for us and also for others.

How to behave at celebrations

Teruo Kono is of the opinion that hard training must also be accompanied by some kind of compensation. That means some kind of informal space in which the rules governing in the dojo are lifted, i.e. an environment in which the student may tell his teacher in an unrestricted way what is pressing him without having to follow the rules which commonly do exist. Such informal spaces are, for example, celebrations which, among others, are held at the end of seminars or lengthy teaching sessions. However, such celebrations do not mean that things will have changed fundamentally on the very next morning.

According to Japanese tradition celebrating involves the consumption of heavy drinking since only in an intoxicated condition all artificial ways of behaviour are lifted and the true nature of people is revealed. In the context of such celebrations it is often the case that the students will be invited by their masters since quite often the students still do not have well-paid jobs and,

wie die vorherige Generation.

Die Meister sind die Mentoren der Schüler in vieler Hinsicht.

Im Karate muss man konsequent sein

Im Karate, aber nicht nur im Karate, muss man konsequent sein. Das bedeutet, bei den gesetzten Zielen nicht nachzulassen. Wenn man sich selbst ein Ziel gesetzt hat oder der Lehrer ein Ziel gesetzt hat, z.B. 500 Keris zu machen, dann sollte man nicht bei 499 aufhören. Denn wer anfängt, einmal nicht ganz bis an sein Ziel zu gehen, weil es eine Ausrede gibt nachzulassen, hat den Weg frei gemacht, sich häufig seinem Ziel nur zu nähern, es aber nicht wirklich zu erreichen.
Wer einmal damit anfängt sich selbst gegenüber nachlässig zu werden, erhöht die Gefahr, öfter solche Abstriche zu machen, die einen letztendlich vom eigenen Weg und den eigentlichen Zielen wegführen.
Daher ist es wichtig, „dass hundert auch hundert bleiben und nicht 99 werden", wie Teruo Kono immer sagt.

Nur dieses Verhalten führt dazu, dass wir konsequent sind. Konsequent an uns arbeiten, nicht nachlassen und ein Durchhaltevermögen entwickeln, was sich nicht nur auf den sportlichen Bereich auswirkt, sondern tief in unser Denken hineinwirkt. Erst diese Haltung lässt uns Dinge erreichen, die von der Normalität abweichen und über sie hinausgehen.

thus, do not have as much money as the previous generation used to have.

The masters are the students' mentors in many ways.

Karate requires consistency

Karate like many other areas of life requires consistency. That means to consistently pursue the goals one is aiming at. If you have set yourself a goal or have been given a goal by your teacher, for example, to do 500 keris, then one should not stop short at 499. Since whoever starts not to fully go for his or her goal due to whatever excuse has opened the way to often approach goals without truly achieving them.

Whoever starts to excuse him- or herself increases the risk of letting this become a (bad) habit putting oneself off the actual way and goals.
For this reason, it is important that "a hundred will remain a hundred and is not turned into 99", as Kono uses to say.

Only this behaviour and attitude will lead us to remain consistent. In other words: to consistently work on ourselves, not to give up and to develop perseverance a quality which will not only have positive effects on our sports life, but will also deeply affect our thinking. Only this behaviour will make us achieve things which will depart from and, finally, go beyond the usual.

Der Lehrer kann dabei seine Schüler sehr unterstützen, indem er nicht zu einfache Dinge von den Schülern verlangt, sondern immer etwas mehr als dieser von sich aus bereit ist zu geben. Natürlich müssen die Ziele auch noch erreichbar sein. Aber sie müssen so weit entfernt sein, sagt Teruo Kono immer, dass wir „uns danach strecken müssen."

Ein Lehrer, der für seinen Schüler einfach ist, fordert seine Schüler nicht und enthält ihnen damit die Chance vor, sich steigern zu können. Das bedeutet auch, dass der Lehrer die Maßstäbe setzen muss und nicht der Schüler.

Damit der Schüler diesen Weg auch mitgehen kann, muss der Lehrer viel Fingerspitzengefühl haben, damit er seine Schüler nicht überfordert. Mit einigen Hilfen, etwas Ansporn, in welcher Form auch immer, muss es dem Schüler möglich sein, den Anforderungen des Lehrers nachkommen zu können und das vom Lehrer gesetzte Ziel als sein eigenes Ziel akzeptieren zu können.

Dadurch wird ein Vertrauensverhältnis zwischen Lehrer und Schüler (und umgekehrt) aufgebaut, das es ermöglicht, auf diesem Weg immer weiter gehen zu können, d.h. die Ansprüche ständig steigern zu können und damit zu einer permanenten Weiterentwicklung zu gelangen.

Thereby, the teacher can be a great support to his students by not requiring simple things from them but things a bit more difficult than the students are willing to exercise by themselves. Of course, these goals must still remain achievable. But they must be that remote that we "have to stretch ourselves to reach them", as Kono uses to say.

A teacher who is lax towards his students does not challenge them and, thus, keeps the chance from them to progress. This means that it is the teacher who has to set the standards and not the students.

In order to enable the students to follow this way the teacher must possess much sensitivity in order to not expect too much of his students. By providing some support and motivation of whatever kind the student must be placed in a position to keep track with the teacher's demands and be able to accept the goal set by the teacher as his or her own.

By this a relationship of trust is established between teacher and student (and vice versa) which forms the basis for continuously proceeding on this way. This means to steadily increase the demands by which the students are enabled to further develop themselves on a continuous basis.

Erfahrungen und Erlebnisse mit dem Meister (Teil III)

Nach einem sehr harten Training, als alle total ausgepowert aber zufrieden in der Halle stehen, sagt der Meister: „Wir haben früher jeden Tag trainiert und das Training war noch viel härter als dieses." Es geht ein etwas unwilliges Raunen durch die Gruppe, aber jeder versteht, dass er sich auf seine Leistung nichts einbilden soll.

Der Meister und ein Schüler von ihm bereiten sich auf eine Karate-Demonstration im Rahmen einer Europameisterschaft vor. Der Meister sagt: „Du musst alles so machen, wie wir es geübt haben, sonst muss ich improvisieren, damit es realistisch ist und das ist nicht so gut für dich." Der Schüler versteht nur zu gut und nimmt sich vor, alles wie abgesprochen zu machen. Auf der Demonstration hat er die Absprachen dann doch vergessen und der Meister hat improvisiert, damit es realistisch auf das Publikum wirkt.

Nach einem harten Training abends beim Bier machen sich die Schüler einen Scherz und unterhalten sich in Hörweite des Meisters über dessen Training, das angeblich früher viel härter war. Der Meister kommt an den Tisch und fragt: „Worüber unterhaltet ihr euch?" Die Schüler sagen: „Über nichts Besonderes." Der Meister geht wieder an seinen Tisch. Am nächsten Tag macht er so ein hartes Training, dass alle das Gespräch vom Abend tief bereuen.

Encounters and experiences with the master (Part III)

After a very tough training session the master is saying while all students are standing in a line in the gym completely exhausted, but seemingly content: "We used to practise every day and the training used to be even harder than today." Saying this a somewhat disagreeing murmur arises among the group, but each student knows well that there is nothing to be proud of concerning his or her performance.

The master and his students get ready for a karate demonstration on the occasion of a European karate championship. During the preparations the master is saying to a student: "You have to do it just the way we have practiced it, otherwise I am forced to improvise so that it is authentic; and if I am forced to do so this is not very good for you." The student understands his master's words very well and decides to perform as agreed. But on the occasion of the demonstration the student forgets his master's advice forcing the master to improvise so that the demonstration becomes authentic for the spectators.

One evening after a hard training session the students are joking while enjoying some beer. Within the master's hearing they are talking about the master's training which, so they pretend, used to be much harder. While they keep on talking the master is approaching their table saying: "What are you talking about?" The students are replying: "Nothing in particular." The master then returns to his table. On the

Wieder einmal beim Training stellt jemand eine Frage, die schon oft ausführlich beantwortet worden ist. Der Meister beantwortet die Frage diesmal nicht, sondern sagt nur: „Du bist selbst Meister, du musst das wissen."

Der Meister klatscht immer in die Hände, wenn das Training nach der Pause erneut beginnen soll. Ein Schüler macht sich einen Scherz und klatscht während der Pause in die Hände. Alle gucken zum Meister. Der bleibt ganz ruhig sitzen und macht diesmal eine längere Pause, gibt dann aber schneller Kommandos.

Die Schüler stehen im Gespräch vertieft in kleinen Gruppen in der Halle und warten auf den Meister. Plötzlich wird es still. Alle haben gespürt, dass der Meister gekommen ist.

Die Schüler stehen in Reihen und üben Grund- techniken. Macht der Meister bei den Kommandos eine kleine Pause, bleiben sie, obwohl es unangenehm ist, in der Endposition bewegungslos stehen. Sie wissen nie, wen der Meister gerade verbessern möchte und wo er gerade ist, da er lautlos durch die Reihen geht. Die Schüler haben manchmal das Gefühl, sie sollten unauffällig ihre Techniken korrigieren. Dann steht der Meister tatsächlich hinter ihnen.

very next day the master's training is particularly hard making all deeply regret their jokes of the previous evening.

Again a question is asked at the training which has already been answered at length many times before. This time the master does not answer the question, but is just saying: "You are masters yourselves and should know that by yourselves."

The master is always clapping his hands as a sign to resume training after breaks. A student is making fun of this ritual and is clapping his hands himself during the break. All are staring at the master. But the master remains sitting peacefully and grants the students a longer than usual break. However, upon resuming the training his commands are much faster.

In the gym the students are talking in small group waiting for their master. Suddenly all fall silent upon sensing the master's presence.

The students are queued up in lines practicing basic techniques. Upon the master's brief interruption of his commands, the students remain standing motionlessly in their present positions, which feels rather unpleasant. The students never know who will be selected by the master to be corrected and where he is positioned while they practise since he noiselessly moves through the lines. The students sometimes have the feeling they should correct their techniques themselves unnoticed. While doing so the master actually appears behind them all of a sudden.

Der Meister legt immer nur den Trainingsbeginn fest. Wann es zu Ende ist, weiß man nie. Immer wieder fällt ihm noch dies oder jenes ein, dass er auch noch zeigen oder erklären möchte. Die Schüler sind müde und hungrig vom stundenlangen Training. Da kommt einer auf die rettende Idee. Er sagt: „Da kommt gleich noch eine Gruppe, wir müssen jetzt Schluss machen." Der Meister guckt ihn einen Moment scharf an, er hat ihn durchschaut, und beendet dann doch das Training.

Endlich ist Pause. Ein Schüler, der erst kurze Zeit dabei ist, geht am Meister vorbei und sagt: „Wir machen gleich aber nicht mehr so anstrengendes Training, oder?" Der Meister ruft einen Schwarzgurt zu sich und sagt: „Dein Schüler, nicht?"

Only the beginning of the training session is determined by the master. However, one never knows when each session will end. Again and again new ideas come into the master's mind which he also wants to demonstrate or explain to his students. The students are tired and hungry because of the training having lasted for hours. Then there is someone with a bright idea that seems to save the situation. He says: "There is still another group coming for practise soon, so we have to end our training now." For a brief moment, the master is looking at him sharply. Though realizing his true motivation he nevertheless ends the training session.

At last there is a break. A student who has just recently joined the group is passing by the master saying: "We will soon resume training, but less hard, won't we?" Upon this, the master calls a black belt karateka saying to him: "Your student, right?"

Teruo Kono während seiner Studienzeit
(as a student with) mit Hironori Ohtsuka

T. Kono beim Demonstrieren einer Messerabwehr
(demonstrating how to block a knife attack). Anfang der 60ger
Jahre in Holland (in the Nederland's in the early 60s).

1967 in St. Maxime (Südfrankreich / Southern France)

T. Kono beim Ausführen von Renzoku Waza (Kombinationen).
Anfang der 60ger Jahre (performing renzoku waza -
combinations with concentration in the early 60s).

T. Kono vermutlich als Student um 1954 in Tokio
(presumably as a student)

T. Kono 1964 in Japan vor einem Shinto-Schrein
(in front of a Shinto shrine)

Teruo Kono bei einer Teezeremonie 1960 (at a tea ceremony)

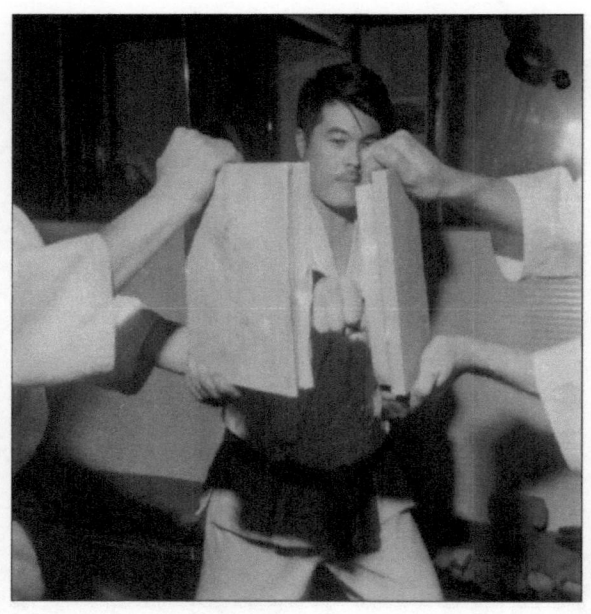

Bei einem Bruchtest um (at a smashing test around) 1970

T. Kono und Anton Geesink (Judoweltmeister /Judo World Champion) in Holland um (about) 1970

Prof. Fischer und T. Kono bei der Gründungsversammlung des Deutsch-Japanischen Vereins für Kultur und Sport 1987 (at the founding convention of the German-Japanese Association for Culture and Sports in Hamburg / Germany)

Anfang der 70ger Jahre
(in the early 70s)

1983 mit der Autorin Universität Bremen, Sensomotorik-Labor bei einer Untersuchung der Reaktionszeiten im Karate neben seinen „Ebenbild", einem Reaktionstest-Gerät (together with the author at Bremen University acting as a test subject in the examination of reaction periods in karate standing next to his "image", a reaction testing apparatus)

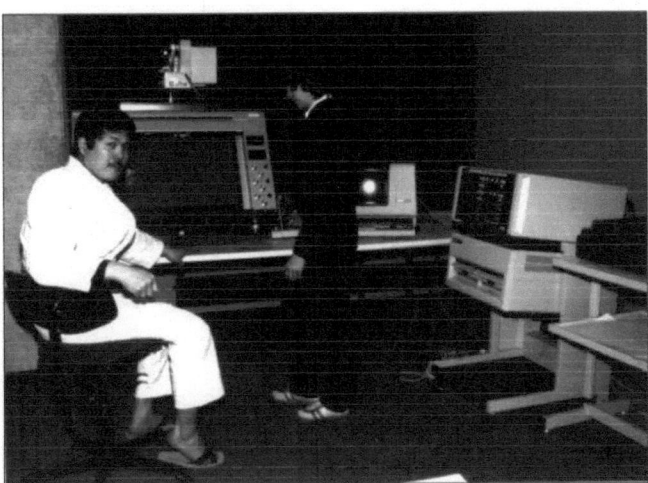

T. Kono wird von der Autorin die Computerauswertung der Ergebnisse der Reaktionstests im Karate im Rahmen Ihrer Dissertation erläutert (T. Kono is explained the computer evaluations of karate reaction tests carried out by the author in the context of her doctoral thesis)

Teruo Kono 1977

Teruo Kono 1988 bei einer Meisterschaft in Hamburg
(at a championship in Hamburg, Germany)

In Makarska (Yugoslavia) beim Sommerlehrgang
(at the summer camp) 1978

Mit Marko Nicovic nach einem Lehrgang (after a seminar)
in Makarska (Yugoslawien) 1978

T. Kono mit seinen Pokalen und Auszeichnungen und denen,
der vom ihm betreuten Nationalmannschaften 1988 (with his
cups and awards and those won by the national teams
coached by him)

Feier nach dem Winterlehrgang (Celebration after the winter
seminar) 1988 in Bremen (Germany)

DAN-Prüfung (Dan examination) 1978 in Makarska (Yugoslawien). Schnelle, dynamische Bewegungen auch bei den Korrekturen während der Prüfung (quick, dynamic movements even while making corrections in the examination).

DAN-Prüfung (Dan examination) 1978 in Schwalbach. Jeder bekommt eine klare Rückmeldung, was noch zu verbessern ist (everybody receives a clear feedback on improvements).

1990 in Japan in einem kleinen Restaurant (in a small restaurant),
Speisekarte im Hintergrund (menu in the background)

Japan 1990 anlässlich des Wado-Kai-Welt-Cups
(on the occasion of the Wado-Kai World Cup).

Demonstration mit vollem Einsatz (full-force demonstration)
in Bremerhaven (Germany) 1979

Mit der Autorin Wado-Kai Europameisterschaft 1981 in Rom nach der
Siegerehrung (together with the author after the winners' ceremony at
the European Wado-Kai Championship).

Teruo Kono und Prof. Schiller

Da guck mal, Du musst das so machen
(eine typische Geste).

Look, you have to do it like this (a typical gesture)

T. Kono 1992

1982 Düsseldorf (Germany) T. Kono beim Korrigieren einer Bewegung (correcting a movement).

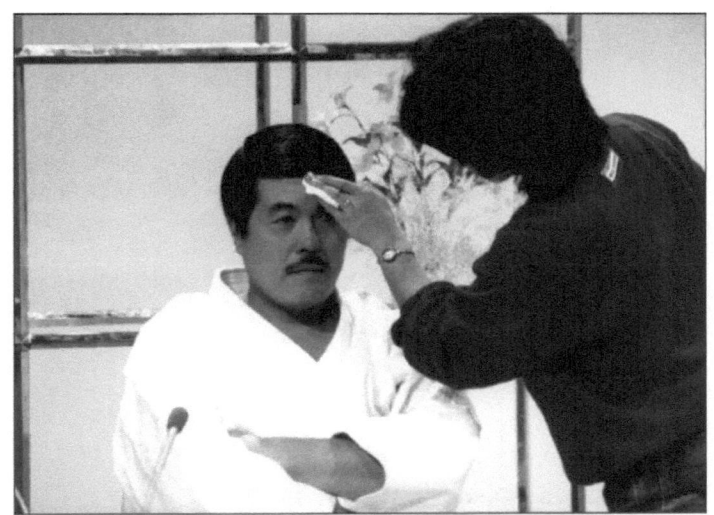

T. Kono wird für einen Auftritt im japanischen Fernsehen
zurecht gemacht 1993 (being shaped up for an
appearance on Japanese TV)

Marko Nicovic und Teruo Kono bei einem Meeting 1993

1984 in Makarska (Yugoslawien) nach dem Lehrgang (after training).

T. Kono bei der Demonstration einer Übung im Rahmen eines Lehrgangs in Norden 1985 (demonstrating an exercise during a seminar in Norden, Germany)

Beim Golf, seinem Lieblingssport neben dem Karate, 1994
(playing golf, his favourite sport besides karate)

Im Gespräch mit (talking to) Marko Nicovic 1994

Lockeres Randori = Kämpfen mit Yutaka Toyama in Hamburg, Germany 1985 (smooth randori = fighting)

T. Kono mit einer Weinkönigin (with a wine queen) in Japan

Georg von Habsburg, Albert von Monaco und
Teruo Kono 1995 in Monaco

Training im Schnee beim Winterlehrgang (snow training at the winter seminar) in Bremen, Germany, 1986

Bei einem Lehrgang (at a seminar) in Ruanda 1987 mit dem dortigen Nationaltrainer 1987 (with Ruanda's national coach) Hidekazu Mizutani

Otto von Habsburg und Teruo Kono 1996

Bei der Hochzeit von (at the wedding of)
Georg von Habsburg 1997

T. Kono muss zur Musik seiner Mutter 1987
in Makarska (Yugoslawien) singen (he has to sing to the
music of his mother).

Teruo Kono und Marko Nicovic 1995 in Bremen (Germany).

Mit Georg von Habsburg 1997 in Monaco

T. Kono bei einem Treffen zur Vorbereitung (at a meeting
convened to prepare) der Expo 2005 in Nagoya (Japan) 1997

1992

Otto von Habsburg und Teruo Kono im Hause Habsburg (at Habsburg's house) in Benidorm (Spanien / Spain) 1997

1997

1997 T. Kono als Sonderbeauftragter der Landesregierung von Aichi, im Gespräch mit Honoratioren der Stadt Nagoya in Vorbereitung der Weltausstellung Expo 2005

(T. Kono in 1997 as a special consultant of the Aichi provincial government talking to notabilities of the city of Nagoya (Japan) in preparation of the 2005 EXPO)

Die

Biographie

des

Teruo Kono

The

Life

of

Teruo Kono

Danksagung

Diese Biographie wurde möglich durch persönliche Gespräche und Erfahrungen mit Teruo Kono, Aufzeichnungen, die er selbst hinterlassen hat, Erinnerungen seiner Familie und seiner Kinder.
Mein besonderer Dank gilt Teruo Konos Witwe Birgit Kono, die Notizen und Fotos zur Verfügung gestellt hat.

Außerdem möchte ich mich bei folgenden Personen für die Unterstützung bedanken:

Hilke Neb und Mishi Mitsue Kono sowie Herrn Enomoto für persönliche Erinnerungen, die das private Bild abgerundet haben.

Dr. Elke von Oehsen
Osterholz-Scharmbeck
September 2001

Acknowledgements

This biography is based on personal conversions and encounters with Teruo Kono, records left by himself and also by memories of his family.
I particularly want to thank Teruo Kono's widow, Birgit Kono, who supported my work by providing notes and photographs.

I am also grateful for the assistance provided to me by the following persons:

Hilke Neb, Mishi Mitsue Kono and Mr. Enomoto for their contributions.

Dr. Elke von Oehsen
Osterholz-Scharmbeck, Germany
September 2001

Kindheit und Jugend

Teruo Terukazu Kono wurde 1934 oder 1935 geboren. Er feierte seinen Geburtstag am 19.1. (1935). Sein Geburtsdatum gab er oft auch mit 19.2.1935 an. Wirklich geboren wurde er wahrscheinlich im Dezember 1934. Dies stand auch viele Jahre so unterschiedlich in seinen Papieren. Erst die deutschen Behörden bestanden auf einem einheitlichen Geburtsdatum. Daher „entschied" er sich für den 19.2.1935 in seinen Papieren, da er gern etwas jünger sein wollte. Japaner können problemlos mit Widersprüchen leben, die Europäer nie zur Ruhe kommen lassen würden. Auf die Frage, wann er denn nun wirklich geboren sei, antwortete er, dass sei nicht so wichtig. Eine andere Erklärung von ihm war die Übertragung des Geburtsdatums vom chinesischen Kalender in den gregoreanischen. Warum auch immer, er ließ sich sowieso nicht gern an Geburtstage erinnern, da sie ihn schon wieder ein Jahr älter machten, und so war ihm die genaue Festlegung nicht wichtig. Außerdem feiern erwachsene Japaner nur besondere Geburtstage, die anderen spielen keine so große Rolle.

Teruo Kono wuchs in den Kriegsjahren des pazifischen Krieges in Japan in Yokohama auf. Seine Freunde von damals nannten ihn Toku-Chan (Toku = Spitzname, Chan = Verniedlichungsform für Kinder).
Einen „Kindernamen" zu haben ist in Japan, bzw. war für Japaner seiner Generation üblich. Alle, die diese

Childhood and Teenage Years

Teruo Terukazu Kono was born in 1934 or 1935. Although he used to celebrate his birthday on the 19th of January (1935), he often stated the 19th of February 1935 as his official date of birth. Actually, he seems to be born in December, 1934. His different dates of birth also appeared in his official documents for many years. It were the German authorities then that would insist on his having a definite and precise date of birth. So he "decided" to choose the 19th of February 1935 as his official date of birth since he liked the idea of becoming a little bit younger. Japanese can live with contradicttions quite easily which may cause great uneasiness among Europeans. Once asked for his "genuine" date of birth Kono would say that this was of minor importance. However, he would sometimes say that the "confusion of dates" was due to the conversion from the Chinese to the Gregorian calendar. Whatever the reason Teruo Kono wasn't very fond of being reminded of birthdays since they would indicate that he had become yet another year older. That is why he wasn't much concerned about a "definite and exact" date. And as for birthdays, Japanese tradition has it that Japanese adults only celebrate exceptional birthdays and consider others of less importance.

Teruo Kono grew up in Yokohama at the time of the second world war. At that time he was called by the name Toku-Chan by his peers ("Toku" being a nick-name while the suffix "Chan" was used for children as an expression of fondness). It used to be a common habit in the Japan of his generation to have a "child's

Person in den Kindertagen kennen gelernt haben, benutzen diesen Namen auch später manchmal, aber nicht Personen, die man später kennen gelernt hat.

Sein Vater war in dieser Zeit Lehrer an einer speziellen Schule für 15-18jährige (Seinen Gakko). Da er Offizier in der japanischen kaiserlichen Garde (Komoe Hai) war und später an der Front in der Mandschurai eingesetzt wurde, war er nie zu Hause. Seine Mutter musste kriegsbedingt arbeiten. So wuchsen er und seine Schwester quasi ohne Mutter und Vater unter der Obhut seiner Großeltern auf.

Er war gern bei seiner Großmutter, zu der er ein inniges Verhältnis hatte. Es war ein eher ländliches Leben, und er erinnerte sich gern an den Kakibaum im Garten, dessen Früchte ihm als einzigem männlichem Nachkommen „allein" gehörten. Das beeindruckte ihn sehr, denn in dieser Zeit gab es wenig zu essen, und das Leben war sehr reglementiert und wurde staatlich kontrolliert.

Er war sich bewusst, während der Abwesenheit seines Vaters das Familienoberhaupt zu sein. Die Verantwortung nahm er, obwohl er erst im Grundschulalter war, sehr ernst, und sie stellte hohe Ansprüche an ihn, die er unbedingt erfüllen wollte.

name". All persons who had got acquainted to Teruo Kono during his time in kindergarten would still call him by this name years later. However, it wouldn't be used by persons who entered his life thereafter.

At that time his father worked as a teacher in a specialized school (Seinen Gakko) teaching students between the age of 15 and 18. Since his father was a member of the Japanese Imperial Guard (Komoe Hai) and was later sent to fight in Manchuria Teruo Kono didn't see much of him. And his mother was obliged to work due to the war. That is why he and his sister more or less grew up without their parents and were actually raised by their grandparents.

Teruo Kono was fond of his grandmother and developed an affectionate relationship with her. It was more of a rural setting in which he spent these years. Later Teruo Kono would often remember the kaki trees in the garden with affection whose fruit "solely" belonged to him because he had been the only male heir. He was very impressed by this honour since food was scarce in those days marked by severe restrictions and controls by the state.

During the absence of his father Kono was aware of being the head of the family now that his father was away. He assumed this responsibility earnestly though he was still a primary school student. This task would place great demands on him which he definitely wanted to meet at all costs.

Teruo Kono war etwa fünf bis sechs Jahre alt, als er ein Holzschwert geschenkt bekam (wie damals in den Kriegsjahren fast alle Kinder). Mit diesem Schwert konnte er an einem Phönixbaum im Garten der Großeltern üben. Sein Vater sagte, dies sei gut gegen die Einsamkeit, wenn er und sein Sohn getrennt wären. Dieser Baum wurde sein erster Gegner. Er übte jeden Tag fleißig, da er sich so Kendo- und Bojitsu-Techniken (Schwert- und andere Kampftechniken) vorstellte. Das war seine erste Begegnung mit Budo.

Seine Kindheit war geprägt von der Militärzeit des 2. Weltkrieges. So mussten die Schüler gemeinsam zur Schule marschieren. Dabei war es Teruo Konos Aufgabe, die Schüler zu sammeln und zur Schule zu führen. Oft gab es Luftschutzübungen. Als immer mehr amerikanische Bomben fielen (auch das Haus der Familie Kono wurde dabei zerstört), wurden alle Schüler zunächst in ein Kloster und später aufs Land zu Bauern evakuiert.

Eine Begebenheit im Krieg hat ihn besonders geprägt. Die Dorfbewohner nahmen einen abgeschossenen amerikanischen Piloten gefangen und brachten ihn mit verbundenen Augen in die Schule, wo er übel beschimpft wurde. Das empfand Teruo Kono als sehr grausam und unangemessen.

Teruo Kono was between 5 and 6 years' old when he was given a wooden sword as a gift which used to be a quite common gift for children in wartime Japan. With his wooden sword he practiced sword-fighting at a phoenix tree which stood in his grandparents' garden. His father would say that this would help him overcome the loneliness while he and his son were separated. This tree became his first opponent. He practiced hard every day thinking of Kendo and bojitsu techniques (sword and other martial arts' techniques) as he imagined these to be correct. This happened to be his first encounter with Budo.

Teruo Kono's childhood years were influenced by the war. Due to the war he and his fellow pupils had to march to school together. And Kono was the one to be chosen to gather all pupils and lead them to school. There were often air-raid drills and when US bombardments became heavier (even the house of the Kono family was destroyed) the pupils were finally evacuate-ed. They were first brought to a monastery and then to the countryside where farmers would take care of them.
There was one wartime occurrence which he would never forget. One day the villagers arrested a US pilot whose plane had been shot down. He was led blindfold to the rural school and called names in a very mean way. Teruo Kono felt this treatment was rather brutal and unworthy.

In der Schule wurde rau mit den Kindern umgegangen und kleine Vergehen wurden sehr hart bestraft, z.B. durch heftige Ohrfeigen, in der Ecke stehen mit einem Eimer Wasser auf dem Kopf und ähnliches.

Oft hatte er Hunger. Er erinnerte sich noch sehr genau, wie er beim Holzsammeln im Wald das Glück hatte, Esskastanien zu finden, die er dann heimlich am Feuer röstete und sofort aufaß.
Teruo Kono war ein eher schmächtiges, kränkliches Kind, das Probleme mit der Lunge hatte, und auf Grund der Lebensbedingungen war er anfällig für Krankheiten. So wurde ihm vom Arzt geraten, sich sportlich zu betätigen, was er in Form von Tischtennis und Basketball befolgte.

Als Kind träumte er davon, zur Militärakademie zu gehen und wie sein Vater Offizier zu werden. Außerdem wollte er so sein wie sein Vater, der ein Kendo-experte war und Kenjitsu (Igaryu Jiujitsu) betrieb.

Nach der Rückkehr seines Vaters aus dem Krieg lernte er einige Techniken von ihm.

Als er zwölf oder dreizehn Jahre alt war, begann er mit dem Karate-Training. Da dem jungen Teruo Kono die Anzüge so gefielen, wollte er unbedingt Karate lernen, aber sein Vater wollte ihm das wegen der teuren Investition in die entsprechende Kleidung zunächst nicht erlauben. So stellte er die Bedingung, dass Teruo

But the pupils were themselves exposed to harsh treatment at school and even petty offences were punished rather severely (e.g. they were slapped in the face, had to stand in the corner with a pail of water on their heads or received similar punishments).

Since food was scarce Teruo Kono was often hungry. Still in later years he would remember his triumphant feeling when finding sweet chestnuts while he had been gathering wood in the forest. Kono secretly roasted them and would eat them straightaway.
Teruo Kono used to be a rather thin boy and suffered from a poor physical constitution. He had problems with his lungs and was susceptible to diseases due to the poor conditions of life. A doctor recommended him to strengthen his condition by doing physical exercises. This Teruo Kono would follow by playing table tennis and basketball.

As a child Teruo Kono had dreamt of entering the Military Academy and, like his father, become an officer in the Japanese Army. He also wanted to follow his father's footsteps in becoming a Kendo expert and practitioner of Kenjitsu (Igaryu Jiujitsu) just like him.
After returning from war Teruo Kono was actually taught some techniques by his father.

At the very beginning of his teenage years Teruo Kono started to go for Karate. Teruo Kono was attracted to karate by the good-looking karate suits. However, since these suits were very expensive, his father was first against his son's wish to become a karate fighter, but was then willing to let his son have his way provided

Kono Karate nur lernen dürfte, wenn er versprechen würde, auch dabei zu bleiben. Dieses Versprechen hat er auf jeden Fall eingelöst. Er begann das Karate-Training bei einem Nachbarn (Sensei Takano, Shotokan), Student an der Hosei-Universität. Herr Takano übte jeden Tag am Makiwara (Schlagbrett), und so praktizierte auch Teruo Kono Tsuki-Training (Fausttechniken) am Makiwara. Für ihn symbolisierte das Makiwara das Böse, das Böse in uns selbst, das man bekämpfen muss.

Eine weitere Motivation, sich mit Karate auseinander zu setzen, war die Tatsache, dass es kurz nach dem Krieg viele Gewalttätigkeiten auf den Straßen gab. Die zurückgekehrten Soldaten waren frustriert über die Niederlage und dem wollte Teruo Kono etwas entgegenzusetzen haben. So wurde sein Karate-Training immer intensiver, und Tischtennis und Basketball gerieten in den Hintergrund.

An der Highschool lernte er dann weiter Shotokan-Karate, und schließlich begann er mit fünfzehn Jahren, regelmäßig in einem Dojo (speziellen Übungsraum, Verein, Hakuraku-Dojo) in Yokohama zu üben. Dieses Dojo war ein Wado-Ryu-Club und der Lehrer (Sensei) war Herr Tsuchida. Dort lernte er, dass nicht immer der Angreifer gewinnt, sondern der Verteidiger auch sehr gute Chancen haben kann.

that Teruo Kono would promise to stick to karate once having chosen this way. There is no doubt that Teruo Kono kept this promise. Teruo Kono started his karate exercises with a neighbour (Sensei Takano, Shotokan) who was then a student at Hosei University. Every day Sensei Takano practiced at the makiwara (punch board) where Teruo Kono was taught his first lessons in applying proper fist techniques (tsuki training). For Teruo Kono the makiwara would symbolize the evil, the evil or dark side within ourselves, which needed to be defeated.

Next to the attractive karate suits Teruo Kono was attracted to karate by something else. Namely, the omnipresent violence in the streets of post-war Nippon. The violence was the result of the returning Japanese soldiers' frustration over their defeat and Teruo Kono simply wanted to be able to defend himself and others. This inspired him to intensify his karate training while his other sports, table tennis and basketball, became less important to him.

At High School he continued with shotokan karate and started to practise it on a frequent basis at the age of 15 going to the Hakuraku dojo (dojo being a specific martial arts' gym or place of meditation) in Yokohama. This dojo belonged to the Wado Ryu club where Teruo Kono was coached by Sensei Tsuchida. There his new teacher taught him that a fight would not always be won by the attacker but that proper defence can well lead to victory in the end.

Zu dieser Zeit gab es in Yokohama drei gute Karate-
Lehrer (Herrn Kimura, Herrn Maeda und Herrn
Tsuchida). Sie waren alle Schüler von Sensei Ohtsuka
(Gründer des Wado-Ryu Karate). Sensei Tsuchida
musste leider krankheitsbedingt schon im Alter von
dreißig Jahren mit dem Training aufhören. Sensei
Tsuchida erwähnte im Training oft Ohtsuka und Gichin
Funakoshi (Gründer des Shotokan-Karate), und übte
selbst oft mit Masatoshi Nakayama (Shotokan-Groß-
meister). Sensei Ohtsuka kam manchmal in dieses
Dojo, aber erst mit neunzehn Jahren trainierte Teruo
Kono oft bei ihm im Universitäts-Dojo in Tokio.

Für Teruo Kono war sein Vater ein großes Vorbild. Er
stellte sehr hohe Anforderungen: Teruo Kono musste
der Familientradition genügen, sehr gut in der Schule
sein, ein guter Sohn sein, gut im Sport sein, seine
beruflichen Ambitionen nach den Vorstellungen des
Vaters ausrichten. Sein Vater hatte eine Baufirma (u.a.
baute er Bunker, damit die Kamikaze-Flieger unbe-
merkt starten konnten) und er wollte seinen Sohn als
Nachfolger sehen. Er hoffte, dass sein Sohn es einmal
weiter als er bringen würde.
Teruo Kono selbst wäre gern Diplomat geworden oder
hätte sich sonst politisch engagiert, aber es gab für ihn
keine Alternative zu den Wünschen seines Vaters und
seiner Familientradition.

At that time there were three major karate instructors in Yokohama (Mr. Kimura, Mr. Maeda and Mr. Tsuchida, his coach). All three of them had been students of Sensei Ohtsuka (the founder of the Wado Ryu line of karate). Unfortunately, Sensei Tsuchida had to give up coaching at the age of 30 due to disease. While coaching Teruo Kono Sensei Tsuchida would often speak of Ohtsuka and Gichin Funakoshi (the founders of shotokan karate) and practise with Masatoshi Nakayama, a shotokan grand master. Occasionally, Sensei Ohtsuka came to the dojo in Yokohama, but would not coach Teruo Kono before he was 19 at the university dojo in Tokyo.

Teruo Kono held his father up as a major example who used to be very demanding on his son: Teruo Kono had to live up to the family tradition, be an excellent student at school, be a formidable son, be good in sports, and shape his professional aspirations according to his father's designs. His father was the owner of a construction firm (e.g. building launching shelters for kamikaze warplanes) who wanted his son to follow in his footsteps. He hoped that his son would even achieve better than himself.

Teruo Kono's own desire was to become a diplomat or become engaged in politics. But there was no room for his personal longings against the stage set by his father and the requirement in following his family tradition.

Die Zeit während des Studiums

Teruo Kono studierte Anfang der fünfziger Jahre zunächst an der Technischen Hochschule in Yokohama und später an der Nihon Universität in Tokio in der Studienrichtung Architektur. Er beendete das Studium nach insgesamt sechs Jahren mit dem Diplom als Architekt und Ingenieur.

Er hatte die Aufnahmeprüfung an der Waseda und an der Nihon Universität (Nichidai) gemacht und sich die Karate-Clubs dort angesehen. An der Waseda hatte er das Gefühl, das könnte er schaffen, aber als er das Nichidai-Dojo sah, bekam er eine Gänsehaut, wegen der Konsequenz und der Disziplin, mit der trainiert wurde. So entschied er sich für die Nichidai.

Schon vor seiner Zeit in Tokio hatte er intensiv Karate betrieben. Er war bereits Schwarzgurt. Nun an der Nichidai (Nihon oder Nippon Universität) begann er mit neuen Karate-Lehrern, vor allem bei Hironori Ohtuska, mit einem wesentlich intensiveren und anspruchsvollerem Training noch einmal als Weißgurt von vorn. Nach circa einem Jahr war er dann in die Mannschaft aufgenommen.

Die Studenten an der Nichidai waren nicht gerade zurückhaltend im Umgang untereinander, und besonders bei einem Neuen wollten sie es wissen. Sie wollten ihm beweisen, dass ein 1. Dan aus der „Provinz" (Yokohama ist ein Vorort von Tokio) einem Weißgurt an der Nichidai entspricht. Und so musste sich Teruo Kono erst einmal beweisen.

Life at university

In the early 50s Teruo Kono first went to Yokohama Polytechnic and later entered Tokyo's Nihon University to study architecture. After six years he graduated with a degree in architecture and engineering.

While taking the entrance examinations both at Waseda and Nihon University (Nichidai) he paid visits to the local karate clubs. Though he had the feeling that he could well master the academic requirements at Waseda he was shocked when seeing the resoluteness and discipline displayed in the training sessions at Nichidai dojo. So he finally decided for Nichidai University.

Before Teruo Kono went to Tokyo he had already done a lot of intensive karate training and was bearer of the black-belt. At Nichidai (also known as Nippon University) he continued his karate career with new coaches. Hironori Ohtuska became his major instructor making Kono start as white-belt karateka and exposing him to significantly more intensive and demanding training. It took Teruo Kono about 1 year before he was finally admitted to the karate team.

The Nichidai students were none too gentle in their dealings with each other, and especially with newcomers. They wanted to show him that a backwater 1st Dan (Teruo Kono was awarded 1st Dan in Yokohama which as a suburb of Tokyo was looked upon as a place of no importance) would equal a white belt at Nichidai. Under these circumstances Teruo Kono was obliged to display all his skills and power.

Überhaupt waren die Studenten im Umgang miteinander nicht besonders zimperlich. Derbe Scherze, die die Hierarchie untereinander transparent machten, waren an der Tagesordnung. Es gab viele Mutproben und ein System von „Strafen", die häufig die betroffene Person bloßstellen sollte.

Teruo Kono musste nicht nur seinen eigenen Ansprüchen und Vorstellungen genügen, sondern in diesem Club erfolgreich zu sein, war auch eine Frage der Familienehre und der Erfüllung der Vorstellungen der Ahnen der Familie (ein Aspekt des Shintoismus, der japanischen Urreligion). So gab es für ihn keine Alternative, als sich durchzubeißen und erfolgreich zu sein.
Dies fiel ihm nicht leicht. Das Training war extrem anstrengend, es gab häufig auch schwere Verletzungen, und das Studium wollte ebenfalls bewältigt werden.

Mehrmals am Tag wurde trainiert und dann gab es noch die speziellen Trainingscamps (Gasshuku). Das alte Dojo (Trainingshalle) der Nichdai lag im Keller, und nach dem harten Training musste noch die Treppe nach oben, quasi zur zivilen Welt, erklommen werden. Wie schwer das manchmal fiel, daran konnte er sich nach Jahrzehnten noch bildhaft erinnern.

Hironori Ohtsuka leitete das Training zwei Mal pro Woche und die anderen Trainingstermine wurden von Cheftrainer Yamashita durchgeführt. Man konnte in der Hierarchie nur durch Kumite (Freikampf) nach oben kommen. Bei diesen Auswahlkämpfen wurde zehn gegen zehn mit einem Kampfrichter gekämpft und die

In general, the behaviour of students among each other was characterized by hierarchical thinking and a high-degree of rudeness. Thus, rude jokes were common features of daily interaction and taken as a means to cement one's hierarchical position. There were many tests of courage and a system of "punishments" aiming at exposing violators.

For Teruo Kono success in this club was not only a matter of living up to his self-imposed objectives and demands but also matter of honour with regard to his family and ancestors (an important aspect in Shintoist Japanese society). Against this background, he had no other alternative but to struggle his way through and be successful.

To be sure, this was not easy for him. The training was extremely hard seeing many brave karatekas severely injured. And there were still his academic tasks which required adequate attention.

There were several training sessions each day topped by special training camps called gasshuku. The old Nichidai dojo was located in the basement requiring the karatekas to climb up the stairs to the 'civilized' world after intense training. Still many decades later Teruo Kono would vividly remember the exhaustion he and his fellow karatekas felt when climbing up these stairs.

The training was conducted by Hironori Ohtsuka twice a week whereas the remaining sessions were supervised by chief coach Yamashita. The only way up the hierarchical ladder was by means of freestyle fighting (kumite). These selective fights saw 10 karatekas fight 10 opponents under the eyes of referee

Kämpfe dauerten zwischen drei und fünf Minuten. Wenn der Gegner k.o. war, bekam man einen neuen. Oft wurde auch gegeneinander ohne Kampfrichter gekämpft. Erlaubt war fast alles und wer stehen blieb, kam eine Runde weiter. Die anderen mussten sich häufig ärztlich behandeln lassen (was kostenlos für Karate-Club Mitglieder war). Es gab für den Verlierer nur zwei Möglichkeiten: Man verlor den Kampf eindeutig (häufig durch k.o.) oder man gab auf, indem man „maitta" sagte (was allerdings ehrenrührig war).

Das Nichidai-Dojo war extrem klein, und so durften nur wenige Karateka hinein. Ungefähr 200 Karateka trainierten im Zentraldojo, und nur wer eine gute Kondition z.B. beim Laufen zeigte, durfte hinein. Die anderen mussten Makiwara-(Schlagpolster) Training machen oder auf der Dachterrasse trainieren.

Neben den üblichen blauen Augen, Prellungen, Verstauchungen, Zerrungen usw. blieb Teruo Kono nicht von einem komplizierten Handgelenkbruch verschont. Da die medizinische Versorgung wegen des Mangels der Nachkriegsjahre in Japan nicht sehr gut war, hätte ihn dies schnell zum Krüppel machen können, aber er fand einen Judoka, der mit viel Geschick, Massagen usw. die Funktionsfähigkeit seines Handgelenks wieder herstellte.

with each fight lasting between 3 and 5 minutes. Once an opponent was knocked out the fighting would continue just with another.

Quite often such competitions were without any referee. There were hardly any restrictions to the way of fighting, and whoever succeeded in remaining undefeated would advance to the next round. Quite frequently many of those who failed had to see the doctor (a service which was free of charge for the karate club members). There were only two ways of losing: either you were knocked out or you admitted defeat by saying 'maitta', meaning "I give up", which was regarded an honorary way of being defeated.

The nichidai dojo was extremely small and, thus, admission was restricted to only a small number of karatekas. About 200 karatekas would be coached in the central dojo. And only those in good physical shape (e.g. good runners) were allowed to enter. Those who would not meet these requirements had to practise makiwara training or undergo general training on the roof terrace.

Next to black eyes, contusions, bruises, strains, etc., which were quite common injuries, Teruo Kono also suffered a complicated wrist fracture. Since medical care was rather poor in post-war Japan due to the lack of adequate medicine Teruo Kono's injury could have easily left him handicapped for the rest of his life. But he was fortunate and met a helpful judoka who was able to restore his wrist to proper function with much skill, massages and other treatments.

Teruo Kono lernte schnell und so viel, dass er in kürzester Zeit die anderen Mitglieder im Club besiegen konnte, und zum Kapitän und Coach aufstieg.

In dieser Zeit machte er auch seine ersten Erfahrungen mit dem anderen Geschlecht.
Dieser späte Start war zu seiner Zeit in Japan durchaus typisch, und wurde dann durch besondere Aktivitäten wieder aufgewogen. Die Männlichkeitsvorstellungen der Japaner zusammen mit dem Gruppengehabe gerade der Karateka forderte das geradezu (provoziert durch Lieder mit entsprechender Pantomime) in den (studentischen) Karateka-Kreisen.

Das unvorstellbar harte Karate-Training in Einklang mit dem Studium zu bringen, war nicht einfach. Wie sollte er mit den vom Makiwara-Training (Schlagpolster-Training) geschwollenen Fingern exakte technische Zeichnungen anfertigen? Dieser Alptraum hat ihn noch Jahrzehnte später um den Schlaf gebracht, denn er wollte immer alle an ihn gestellten Anforderungen erfüllen und eine Schwäche sich selbst gegenüber fand er unakzeptabel. Sein Grundprinzip war: Man muss immer alles schaffen, zumindest muss man es 100% ernsthaft versuchen und anstreben, der/die Beste zu sein.

Während seiner Studienzeit an der Nichdai wurde er für viele Jahre zum erfolgreichsten Karate-Kämpfer Japans (nicht nur in der Wado-Ryu-Karatestilrichtung).

Teruo Kono turned out to be quick in learning and soon achieved a level of proficiency outmatching his fellow karatekas. For this reason and as a reward, he was finally nominated captain and coach.

It was during this intensive training period that Teruo Kono also made his first encounters with the other sex. This somewhat late start was quite common in Japan of that era, but was made up for by particular 'male' activities. The Japanese concept of manliness together with the peer group behaviour of the karatekas of that time, particularly that of academic karatekas, would not leave much space for different or individual approaches in this matter and the prevailing concept was held alive by songs and pantomimes.

It proved to be quite difficult to bring the requirements of an academic student in terms with those of a karateka exposed to unthinkably hard karate training. How should he, Teruo Kono, be able to design precise technical drawings while his fingers were swollen due to intensive makiwara training? This question would still haunt him centuries later. Teruo Kono always wanted to fulfill the requirements placed on him and would not accept any weakness in him. His ethos had always been: There is no other way than to succeed, at least you have to go for your aims with an unwavering will and try to be the best.

During his academic years at Nichidai he advanced to become the most successful karateka in Japan for many years (and this not only with regard to the Wado Ryu line of karate). Teruo Kono was renowned for his

Er war bekannt für seine Kompromisslosigkeit und seine Härte sich selbst und anderen gegenüber. Er war ein Kämpfer mit Leib und Seele (auch wenn die Japaner das nicht trennen, im Gegensatz zu den Europäern).

Er war ein sehr sportlicher, gelenkiger, flexibler Kämpfer, der seine Angriffe ohne Wenn und Aber durchzog. Wenn er mit einer Technik angefangen hatte, beendete er sie auch wie geplant, damit war er immer etwas schneller als andere und traf den Gegner auf jeden Fall irgendwie und immer mit vollem Einsatz, was vielen seiner Gegner noch jahrelang in Erinnerung blieb.

Technisch gesehen hat das Wado-Ryu mit dem Taisabaki (Ausweichen) eine besondere technische Variante, die andere Karate-Stile so (vom Ursprung her) nicht aufweisen. Die Wado-Ryu-Karateka waren in der Vergangenheit und sind auch noch heute sehr erfolgreich auf Meisterschaften, und darauf war Teruo Kono immer sehr stolz.

Konos Lieblingskata (Formübung gegen mehrere imaginäre Gegner) war Bassai. Das veränderte sich aber im Laufe der Jahre und bald kam Niseishi hinzu. Diese beiden Kata passten sehr gut zu Teruo Kono.

Bassai bedeutet Sturm auf die Festung oder Überwindung eines schweren Hindernisses. Solch ein Ziel ist nur durch entschlossenen Kampfgeist, absoluten körperlichen Einsatz und einen unbeugsamen Willen zu erreichen. Dabei spielt das Ausweichen in dem stillen Kampf eine ebenso wichtige Rolle wie der Angriff, das Durchbrechen. Wichtig ist die Koordination

uncompromising attitude and toughness towards himself and others. He was a fighter in mind and body both of which, according to Japanese thinking, belong together like day and night and cannot be isolated from each other (the later approach being typical of Western thinking).

Teruo Kono used to be a very athletic, flexible and agile fighter who would lead his attacks in an uncompromising way. Once having chosen a specific technique Teruo Kono would cling to it to the bitter end. This approach made him faster than his opponents always finding a way to hit them with full force. Something many of his opponents would still remember many years after their competitions with him.

From a technical point of view Wado Ryu karate features a particular technical element known as taisabaki (dodging) which is (originally) missing in other styles of karate. The karatekas of the Wado Ryu lineage have ever since been very successful competitors a fact which Teruo Kono was very proud of.

Teruo Kono's favourite kata (a karate exercise against several imaginary opponents including specific fighting elements) was bassai. However, this predilection would change over the years, and Teruo Kono would also become fond of niseishi. Both katas fitted Teruo Kono well.

Bassai meaning assault on a stronghold or overcoming a major obstacle and breaking through the fortification. To achieve this requires a resolute fighting spirit, full bodily commitment and an unwavering will to succeed. This kata places as much emphasis on "silent" fighting

der Bewegungen und die Aufrechterhaltung des körperlichen und mentalen Gleichgewichts in allen Situationen. Diese Kata muss mit Würde vorgetragen werden, um die moralische Legitimation sicherzustellen.

In der Niseishi findet eine ähnliche körperliche und psychische Auseinandersetzung statt, doch kommt hier noch stärker als in der Bassai die Zentrierung in der Mitte (im Hara, Unterbauch), das konzentrierte Ruhen in sich selbst zum Einsatz.

Teruo Kono hielt Hironori Ohtsuka nicht für einen wahren Gentleman, aber er war beeindruckt von seiner mentalen Ausstrahlung und Disziplin. Eines Tages war Kono Ohtsukas Partner bei einer Demonstration. Dabei trat Kono so unglücklich und hart auf Ohtsukas Fuß, dass dieser einen stark blutenden offenen Bruch am großen Zeh davontrug. Ohtsuka führte die Demonstration trotzdem zu Ende, ohne sich etwas anmerken zu lassen. Kono war sehr beeindruckt von dieser Haltung.

Ohstuka sagte oft zu Kono, dass Karate wie ein Trittstein (Steine, wie Stufen vor japanischen Häusern, um ins höhergelegene Haus zu kommen) sei. Diesen könne man in allen Situationen seines Lebens benutzen, wenn man sonst an Dinge nicht heranreichen könne, bzw. nicht groß genug sei, um etwas zu tun. Der Gedanke, dass man Karate als Trittstein für andere Bereiche des Lebens nutzen kann, hat Teruo

based on dodging skills as on aggressive fighting, the skill of breaking through. The smooth co-ordination of movements as well as keeping one's balance in mind and body throughout all action are major requirements in performing this exercise with perfection. This kata must be performed with dignity to give proof of the practitioner's moral integrity.

The niseishi kata requires similar efforts in keeping mind and body balanced. However, this kata, in contrast to bassai, places even higher emphasis on being well centered. That is to stay well centered in hara, a subtle energy centre in the lower abdomen region, throughout all action.

Though Teruo Kono did not consider Hironori Ohtsuka a genuine gentlemen, he was nevertheless impressed by his mental strength and charisma. One day it happened that Teruo Kono was to compete against Ohtsuka on the occasion of a show fight. Thereby, Teruo Kono unintentionally hit Ohtsuka's big toe with such force causing a heavily bleeding open fracture. However, Ohtsuka would not give in to this handicap and continue the exercise as if nothing had happened at all. Teruo Kono was very impressed by this attitude.

Ohtsuka would often say to Teruo Kono that karate is like a stepstone (stones like those used as stairs in Japanese homes outdoors leading to the house resting on the higher level). Meaning that karate is a helpful tool which can be used to handle every situation of life, particularly, if circumstances arise which seem to be to big to deal with or beyond one's capacity. This very idea that karate could be used as a stepstone for other

Kono sein Leben lang begleitet.

Teruo Kono machte im Auftrag und als Assistent von Sensei Hironori Ohtsuka in ganz Japan Demonstrationen und kämpfte mit Spitzenkämpfern anderer Karate-Stile (Shotokan, Gojo-Ryu, Shito-Ryu, Kyukoshinkai) und vor allem mit den Wado-Ryu-Karateka. Er liebte das realistische Kämpfen und er sagte selbst: Ich hatte Glück, denn ich verlor nie in diesen rauen Kämpfen. Er begrüßte die Einführung von Wettkampfregeln, da diese das Karate populärer machten und daher mehr Leute Karate betrieben. Dadurch war die Möglichkeit gegeben, Karate stärker zu verbreiten und mehr Menschen zu finden, die sich auch für die Hintergründe interessierten. Damit stiegen die Chancen, Karate auch den kommenden Generationen verfügbar zu machen.

Kurz vor dem Abschluss seines Studiums praktizierte er Zen-Meditation im Ryutaku-Ji-Tempel in Mishima. Aber er war etwas enttäuscht von den Zen-Mönchen, da er eine Differenz zwischen dem sah, was sie lehrten und was sie taten. Dennoch nutzte und genoss er die Gelegenheit zu Diskussionen mit hochrangigen Zen-Mönchen. Intellektuelle Auseinandersetzungen und Diskussionen haben ihm sein Leben lang besonderes Vergnügen bereitet. Nach dieser Zeit im Zen-Tempel ist er nie wieder zum Meditieren in den Tempel gegangen, aber er meditierte oft selbst allein nach seinen eigenen Vorstellungen. Kara (die Leere, eine Zen-Idee) hatte eine große Bedeutung für ihn. Im Karate sah er Kara durch das Zusammenwirken von Konzentration,

areas of life would not leave Teruo Kono throughout his entire life.

On behalf and as assistant of Sensei Hironori Ohtsuka Teruo Kono performed karate demonstrations and competed against top karatekas from other karate styles (shotokan, gojo-ryu, shito-ryu, kyukoshinkai) throughout Japan. But he would mostly challenge wado-ryu karatekas. Teruo Kono loved so-called realistic fighting saying: "I was lucky since I have never lost any of these rough fighting competitions." He welcomed the introduction of competition rules because they helped karate gain greater popularity and attract more people to karate. The introduction of these rules made it possible to spread karate more widely and attract more people who would also be interested in the very roots of this martial art. Thereby an increased chance was given to preserve and maintain karate for future generations.

Shortly before his graduation from university Teruo Kono committed himself to Zen meditation in the Ryutaku-Ji Temple at Mishima. But he was disappointed with the Zen monks since their teachings would not match their deeds. Despite this, he made use of and even enjoyed this occasion for discussions with high-ranking Zen monks. Teruo Kono had always been particularly fond of intellectual arguments and discussions throughout his entire life. This turned out to be the only and last meditation in a temple. But Teruo Kono would not give up this practise as such and frequently do meditation alone according to his own fashion. Kara (meaning emptiness and being the essence of Zen)

Atemtechnik, Gleichgewicht, Geschwindigkeit und Kraft geformt.

Teruo Kono selbst bezeichnete sich als nicht religiös. Er war kein praktizierender Buddhist, in der Form, dass er zu Andachten ging oder aktiv in einer Gemeinde war. Er hatte seine eigenen Praktiken der Religiosität. Er meditierte nach Zen-Ritual und teilte auch die buddhistischen Vorstellungen, wie die Buddha-Natur erreichbar wäre, d.h. durch ständiges bedingungsloses, absolutes Streben kann jeder ein Buddha werden.

Es waren vor allem zwei Erlebnisse, die seine Einstellung zum Buddhismus prägten: Zum einen die oben erwähnten Erfahrungen im Zen-Kloster und zum anderen der Tod seines Lieblingsonkels im Krieg, wo er eine persönliche „Unterstützung" durch den Buddhismus vermisst hatte. Dennoch ging er durchaus in buddhistische Tempel, um zu beten, und ehrte seine Familie auf dem buddhistischen Friedhof mit den entsprechenden Beerdigungs- und Gedenkritualen.

Wie viele Japaner, so war auch er nicht nur Sympathisant einer Religion. Der Shintoismus (besonders mit seiner Ahnenverehrung) war für ihn wichtig und wurde von ihm auch aktiv durch Gebete (für alle Gelegenheiten) im Schrein praktiziert.

was of great significance to him. Translated to karate he saw kara 'expressed' by a balanced combination of concentration, proper breathing, physical and mental balance as well as speed and power.

Teruo Kono would not call himself religious in the ordinary sense of the word. He was no practicing Buddhist in the way that he would attend Buddhist ceremonies or become a member of a Buddhist community. Teruo Kono rather followed his own practices and ideas of religiosity. However, he committed himself to Zen meditation and shared the Buddhist concepts of how Buddha nature can be achieved (i.e. by permanent, unconditional and full commitment each individual has the potential in becoming a Buddha him- or herself).

In particular, two incidents shaped his attitude towards Buddhism: First, his own experience in the Zen monastery mentioned above and secondly, the death of his most beloved uncle in the war on the occasion of which he utterly missed some personal "support" from the Buddhists. Despite all this, he would sometimes go to a Buddhist temple and pray and would also honour his family ancestors in the Buddhist cemetery using the common funeral and memorial rituals.

Like many of his fellow countrymen Teruo Kono would not sympathize with one religion alone. Shintoism (particularly with regard to his stress on ancestral worshipping) was important to him and he would pray in front of the shrine on many occasions.

Auf das Christentum angesprochen sagte er einmal: Die Christen haben ansprechende Hochzeitsriten, und in meiner Jugendzeit waren in den christlichen Bibliotheken die besten Nachschlagewerke zu finden.

Die Zeit in Japan

Teruo Kono hatte auch außerhalb des Dojos (Trainingsplatzes) öfter Gelegenheit, seine Kampferfahrungen praktisch zu erproben. Nach dem Krieg waren die Amerikaner in Japan, und die Stimmung wurde durch die zurückkehrenden japanischen Soldaten auch nicht entspannter. So ergaben sich zahlreiche Situationen, in denen die Auseinandersetzungen auf der Straße direkt stattfanden oder Angegriffene Unterstützung brauchten.
Außerdem war er Mitglied einer Gruppe, die Motorrad fuhr (je verwegener und schneller, desto besser), sich auch öfter mal heftig betrank und nicht unbedingt Streit aus dem Wege ging.

Inzwischen hatte er geheiratet und arbeitete nach dem Studium in der angesehenen Baufirma Tanaka als Architekt. Dort stieg er rasch auf, was in Japan eher ungewöhnlich ist. Damit wurden wieder viele Ansprüche an ihn gestellt.
Er arbeitete u.a. einige Zeit auf Hokkaido. Diese abgeschiedene Gegend war nicht sein Lieblingsaufenthaltsort in Japan, aber er machte dort interessante Erfahrungen.

Once asked for his opinion of Christianity he would answer: "The Christians certainly have attractive wedding rituals, and in my youth the best encyclopedias could be found in Christian libraries."

Life in Japan

Teruo Kono had much opportunity to test his fighting skills outside the dojo. After the war Japan was occupied by US military forces resulting in a tense atmosphere which even the returning Japanese soldiers could not deal with. This situation led to numerous violent incidents in the streets in which he got directly or indirectly (giving support to victims) involved.

At that time, he also belonged to a group of motor bikers (loving fastness and daring things) who would enjoy getting heavily drunk once in a while and not necessarily avoid disputes.

Meanwhile, Teruo Kono had got married and worked as an architect for the well-established construction firm Tanaka. At Tanaka he quickly climbed up the career ladder which was rather uncommon in Japan. But this also meant further demands being placed on him.

For some time, he had to work on Hokkaido. To be sure, this remote region was not his favourite place to be in Japan, but he would gather interesting experience there.

Später war er beruflich in Nagoya. Dort baute er sich ein Haus mit einer Heizung (einem Kamin). Das war sehr ungewöhnlich in Mitteljapan, wo die Temperaturen im Winter zwar auch für einige Tage niedrig sein können, aber zu der Zeit noch die Kohlebecken (Kotatsu) in der Nische zwischen den Tatami unter dem niedrigen Wohnzimmertisch üblich waren. So bewies er mit seinem Haus, dem einzigen in Nagoya mit einem Schornstein, schon damals seine für Japaner untypische Unkonventionalität.

Aus dem aktiven Kämpfer war inzwischen ein Trainer geworden. Überall, wo er beruflich eingesetzt wurde, fungierte er auch als Trainer qualifizierter Mannschaften. So war er Trainer mehrerer Universitäts-Karate-Clubs, Nationaltrainer für Mitteljapan und vieles mehr. Jede Minute seines Lebens war durch seine berufliche Tätigkeit oder seine Trainertätigkeiten ausgefüllt. Obwohl er in erster Linie ein Kämpfer war, setzte er sich auch intensiv mit der Kata (Formübung) auseinander. Er war zwar der Meinung, dass man die Kata in der überlieferten Form nicht direkt für den Freikampf nutzen könne, aber man könne technische Feinheiten dadurch lernen und sich so damit auseinandersetzen, dass psychische Komponenten damit ebenfalls trainiert werden.

Later his job led him to Nagoya. There he built a house with a heating system (a chimney). This was rather uncommon in central Japan though the winters could be rather cold there, too. But most houses were still equipped with coal basins (kotatsu) which were lowered in the niche between tatami and the low living-room table. By building the only house with a chimney in Nagoya Teruo Kono already then gave proof of his unconventional nature. A rather uncommon feature of Japanese.

Meanwhile, Teruo Kono shifted from being an active competitor to becoming a coach. Wherever his job would lead him Teruo Kono would become a coach of qualified teams. His coaching career saw him as coach of university karate clubs, as national coach of central Japan and as coach of many other teams. Thus, his job and coaching activities filled all his life. Although Teruo Kono was above all a fighter, he loved practising kata (formal exercise) more and more. Though he was of the opinion that kata, in its traditional form, could not be used directly for freestyle fighting purposes it would well serve as a means to acquire subtle technical skills and help strengthen one's mental condition.

Für einen so jungen Mann hatte er viele berufliche Freiheiten und Kompetenzen, aber auch viel Verantwortung und hohe Anforderungen zu erfüllen. Trotz einiger Privilegien wie einen Fahrer usw. gingen die beruflichen Belastungen nicht spurlos an ihm vorüber. Seine Gesundheit litt darunter. Er bekam schwere Magenprobleme und war schließlich nicht einmal mehr in der Lage, sein geliebtes Karate zu betreiben.

So entschloss er sich, sein Leben entgegen den Erwartungen der Familie und seiner Gruppe (Firma) zu verändern. Seine Mutter akzeptierte dies, indem sie ihn, wie er erzählte, als großen schwarzen Vogel sah, für den die japanische Welt zu klein war und der seine Schwingen ausbreiten musste und die Welt kennenlernen wollte, um dort einen geeigneten Platz für sich zu suchen.

Auch seine Firma unterstützte ihn dabei, denn japanische Produkte hatten zu der Zeit kein gutes Image in Europa. Was lag da näher, als einen exzellenten Sportler als „Botschafter" und Sympathieträger nach Europa zu schicken?

For a man of his young age he was given much free space and authority in his job which also meant great responsibility and high demands. Despite the privileges he enjoyed (e.g. personal driver) the strains of his career would leave their marks on him. Thus, he developed health problems. It was his stomach that became severely affected making it impossible for him to continue his beloved karate.

Finally, he decided to change his life contrary to the expectations of his family and the group (company) he belonged to. His mother would accept his decision who, as Teruo Kono would later remember, saw him as a big black bird for which the Japanese world had become too small and which needed space to spread its wings to fly into the world and find a suitable place to life.

Teruo Kono also received support from his employer since Japanese products were still not very much accepted at that time. What could have been more suitable than to send out an excellent sportsman and sympathetic personality as a "messenger"?

Bis dahin hatte Teruo Kono bereits viele Facetten des Lebens kennen gelernt: Er war Spitzensportler, hatte in Japan alles im Karate gewonnen, was es zu gewinnen gab, hatte der Familientradition entsprochen, war beruflich erfolgreich, hatte viel Geld verdient und ein entsprechendes Leben kennengelernt, hatte typisch japanisch früh geheiratet (mit Anfang zwanzig und sich ebenso typisch als japanischer Mann später problemlos wieder scheiden lassen, da seine Frau keine Kinder bekommen konnte), hatte seine Gesundheit für den Job gegeben.

Als er Japan verließ, war er dreißig Jahre alt und hatte den 5. Dan im Karate.

Die erste Zeit in Europa

1965 verließ Teruo Kono Japan und ging nach England, wo er zusammen mit Tatsuo Suzuki das Wado-Ryu-Karate verbreitete und Nationaltrainer von England wurde.

Er bereiste auch andere europäische Länder wie Frankreich, Holland, Belgien usw. und gab dort Lehrgänge.

In Holland war der Start für ihn schwierig, da es dort noch keine Karate-Schüler gab. So war denn auch sein erster Lehrgang (in Amsterdam) nur von weniger als zehn Personen besucht.

Up to that point of his life Teruo Kono had already become familiar with many facets of life: He had been a first-class sportsman, had triumphed in karate through-out Japan, had lived up to his family tradition, could look upon a successful career, had earned a lot of money and lived accordingly, had got married pretty early as was the custom in Japan (at the age of 20, but would get divorced later just as naturally since his wife couldn't bear children) and had sacrificed his health in favour of his job.

Teruo Kono was 30 years old and bearer of the 5th Dan in karate when he finally left Japan.

Coming to Europe

In 1965 Teruo Kono left Japan and went to England where he spread Wado Ryu karate together with Tatsuo Suzuki and became national coach of England.

From there, he also made trips to France, the Netherlands, Belgium and other European countries where he would conduct karate workshops.

In the Netherlands his start proved somewhat difficult because there were no karate students in the country then. This is why his first course of karate training, which he led in Amsterdam, was only attended by no more than 10 participants.

1966 schließlich lag sein Lebensmittelpunkt in Holland. Dort fungierte er ebenfalls als Nationaltrainer und baute das niederländische Karate entscheidend für die nächsten vier Jahre auf. Außerdem lehrte er regelmäßig Karate an mehreren Universitäten in Belgien.

Teruo Kono war nicht nur ein harter Kämpfer, sondern auch ein sehr guter Techniker. Eine Begebenheit, die sein Image zeigt, war Folgende: Er reiste nach Hawaii in das große Dojo von Sensei Hirano und Sensei Tsuchiya, um Karate-Unterricht zu erteilen, aber es war niemand im Karategi (Karateanzug) da. Auf sein Nachfragen erklärte man ihm, man habe von ihm und seiner Härte gehört und sich daher nicht zum Training getraut.

In Holland wurde ein Film über ihn (damals noch in schwarz-weiß) gedreht, der dann auf den Filmfestspielen in Cannes gezeigt wurde. Dieser Film stellt die technische und die geistige Seite des Karate dar und gibt kurze Einblicke in seinen beruflichen Werdegang. Am Anfang dieses Films singt er ein altes Samurai-Lied.

Teruo Kono hat es immer abgelehnt, nur Karateka zu sein. Er war immer der Meinung, dass man sein Leben nicht einseitig nur auf eine Sache ausrichten sollte. Vielmehr müsse man ein breites Wissen und breite

Despite this situation Teruo Kono nevertheless decided to shift his centre of activity to the Netherlands in 1966. There, he also acted as national coach and played a superior role in promoting Dutch karate in the years to follow. Next to his activities in the Netherlands Teruo Kono frequently taught karate at several Belgian universities.

Teruo Kono was not only a tough fighter and competitor, but also an excellent technician. These very attributes would be associated with his name as is witnessed by the following incident: Once he travelled to Hawaii to pay a visit to the large dojo of Sensei Hirano and Sensei Tsuchiya with the aim to teach some karate. But no one would appear dressed in karategi (karate suit). Upon asking the reason for this Teruo Kono was told that his reputation of being a relentless and tough coach and fighter had already made its round and, thus, nobody would dare attend his training.

In the Netherlands a film was made of him (then still a black-and-white film) which was shown on the occasion of the Cannes Film Festival. This film focuses on the technical and mental aspects of karate and also briefly summarises Teruo Kono's non-karate career. At the beginning of this film Teruo Kono sings an old Samurai song.

Teruo Kono had always rejected the notion of being 'just' a karateka. He had always cherished the opinion that one should not adjust one's life one-sidedly to one single cause. One should rather have broad knowledge

Interessen haben, um unsere Welt verstehen zu können und in ihr angemessen agieren zu können. Er selbst war ein sehr intelligenter Mensch, der sich für alles interessierte und Daten und Fakten ausgezeichnet behalten konnte. Mit seinem Wissen und seinem guten Gedächtnis konnte er die Menschen in seiner Umgebung häufig verblüffen.

Da es für ihn zunächst auch wegen der Sprachschwierigkeiten kompliziert war, beruflich Fuß in Holland zu fassen, betätigte er sich im Außenhandel und in der Gastronomie. Dabei fand er Unterstützung bei anderen Japanern, die dort bereits ansässig waren und zu denen bereits aus seiner japanischen Zeit Beziehungen bestanden. Da er Beziehungen immer als wichtig und notwendig betrachtete (ohne Beziehungen und Einbindung in eine Gruppe fühlen sich Japaner verloren), war es seine Art, auch wenn er schlechte Erfahrungen machte, so lange wie irgend möglich daran festzuhalten und den Leuten eine Chance zu geben. So trennte er sich auch nicht von einigen Angestellten, obwohl sie ihm beruflich sehr schadeten und er dies genau wusste.

Dies war einer seiner erstaunlichsten und widersprüchlichsten Wesenzüge, da er über eine ausgezeichnete Menschenkenntnis verfügte und sich dennoch von Menschen, die er durchschaute, hintergehen ließ. Er stand immer so lange zu den Menschen in seiner Umgebung, bis es gar nicht mehr vertretbar war.

understand our world helping us to act adequately within it. Teruo Kono himself was a very intelligent person who would be interested in just everything thereby featuring a great capability of remembering facts and dates. The people around Teruo Kono would frequently be impressed by his deep knowledge and excellent memorising capabilities.

Since in the beginning it was not quite easy for Teruo Kono to gain a foothold with regard to his professional career in the Netherlands, also due to the language barrier, he started out in foreign trade and in the catering business. In doing so, he received support from fellow countrymen who had already lived there for quite some time and with whom already contact had existed while he still lived in Japan. Since Teruo Kono considered relationships as very important and essential (Japanese tend to feel lost without having relationships or being integrated in some kind of group) it was his habit, even though experience would sometimes teach him a different lesson, to stick to established relationships as long as possible and give people a second chance. This is why he would not get rid of some employees despite the fact and his knowing that they inflicted much harm on him and his business.

This happened to be one of Kono's most remarkable and, at the same time, contradictory behaviours because although he usually possessed an excellent knowledge of human nature he would nevertheless have himself cheated by insincere people. Teruo Kono would always stick to such people up to a point where he was more or less forced to act. This meant that he

Dafür nahm er auch persönliche Nachteile in Kauf. Darin lag auch häufig der Grund für seine wechselnden Erfolge im Beruf.

Er war ein bescheidener Mensch. Er brauchte nie viel Geld für sich selbst. Es war ihm genug, wenn er das Geld für ein Dach über dem Kopf und etwas zu essen hatte, alles andere gab er großzügig für andere aus.

Er legte Wert auf eine gesunde Lebensführung. Neben dem Sport achtete er auch auf eine ausgewogene Ernährung. In den frühen siebziger Jahren rauchte er zunächst ab und zu Pfeife und später hin und wieder Zigarette, doch Anfang der achtziger Jahre gab er das Rauchen wegen der Gesundheit ganz auf.
Bei Karate-Lehrgängen oder auch in Japan bei bestimmten geschäftlichen Anlässen meinte er, sich dem Trinken „bis zu Ende", wie er es nannte, aus Geselligkeits- und Konventionsgründen nicht ent-ziehen zu können. Privat trank er nur zu besonderen Anlässen mäßig Alkohol.

Menschen, die sich unter Alkoholeinfluss nicht gut be-nahmen, waren ihm suspekt, und er zweifelte an deren Charakter. Er selbst war unter Alkoholeinfluss ein sehr humorvoller, ruhiger und friedlicher Mensch, der jeden Scherz mitmachte. Nach einem solchen Abend duldete er jedoch weder bei sich noch bei anderen am nächsten Tag eine Schwäche.

was willing to accept personal disadvantages to a large extent. This was primarily the reason for his fluctuating professional successes.

Teruo Kono was a modest person. He would not need much money for himself. He was pleased to have enough money for shelter and food and would generously give away the remainder of his riches to others.

Teruo Kono placed major emphasis on leading his life in a sound and reasonable way. Next to exercising his body he ate healthy and well-balanced food. In the early 70s Teruo Kono used to be an occasional pipe smoker and would later on have a cigarette once in a while. But in the early 80s Teruo Kono quit smoking for good for health reasons.
On the occasion of karate seminars or at certain business occasions back in Japan he held the opinion that he could not avoid participating in the drinking "up to the bitter end" custom, as he used to call it, for socialising and conformity reasons. Privately however, he would only drink alcohol on particular occasions.

Teruo Kono looked upon people who would not keep their manners under the influence of alcohol with suspicion and would doubt their character. Under the influence of alcohol Teruo Kono himself used to be very humorous and peaceful always joining in all the fun. After an evening of partying, however, Teruo Kono would not accept any weakness neither with him nor any other person.

In Japan haben solche Anlässe auch eine stressabbauende Funktion. Bei solchen Gelegenheiten kann man seinen Vorgesetzten oder anderen Mitmenschen ohne die sonst üblichen Rücksichten auch unangenehme Dinge sagen. Am nächsten Tag gilt jedoch uneingeschränkt wieder die „alte" Hierarchie. Teruo Kono konnte nicht nachvollziehen, warum Europäer immer davon ausgehen, dass die Ereignisse eines solchen Beisammenseins die Beziehungen der Menschen untereinander verändern können.

Den Hauptunterschied zwischen Europäern und Japanern sah er darin, dass sich Europäer nicht entschuldigen können. Auch wenn die Situation eindeutig ist, versuchen sie immer, statt einer höflichen Entschuldigung, ihr Verhalten noch differenzierter zu erklären. Auch dass sie ihre Gedanken so offen zur Schau tragen und damit ihr Gegenüber zu einer Auseinandersetzung damit „nötigen", irritierte ihn. Er selbst behielt seine Gedanken, Wünsche und Hoffnungen diskret für sich oder machte sie nur einem ganz ausgewählten Kreis von Personen zugänglich. Das war für ihn eine Frage der Höflichkeit und Harmonie.

Typisch japanisch versuchte er seine Firmen in Holland und Deutschland nach dem japanischen Konsensprinzip zu führen, d.h. in für Europäer ständigen, endlosen Meetings versuchte er, alle auf eine Linie „einzuschwören". Später verfiel er manchmal in das andere Extrem, und ließ seine Mitmenschen nur wenig an seinen geschäftlichen Gedanken teilhaben, erwartete aber dennoch deren Umsetzung.

In Japan such occasions also serve as a means to reduce stress. Since on such occasions it is legitimate to say even unpleasant things to one's superior or other fellow beings which one would otherwise not dare to speak out for reasons of courtesy and respect. On the next day, however, the established hierarchy is restored to its old pattern. Teruo Kono could not understand why Europeans would suppose that the behaviour displayed on such events should lead to a change in the relationship pattern existing among the single persons.

The main difference between Europeans and Japanese for Teruo Kono was that Europeans are apparently unable to apologise. Even if the matter at hand is quite clear they would even try to explain their (false) behaviour more comprehensively instead of just apologising their acts with due politeness. Kono also felt irritated by the fact that Europeans would openly display their thoughts exposing their counterparts to a situation of conflict. He himself would discreetly keep his thoughts, desires and hopes for himself or would only reveal them to a selected group of people. To him this was a matter of courtesy and harmony.

In a typically Japanese way he tried to manage his Dutch and German businesses along the Japanese principle of mutual consent, i.e. he would try to swear all in to a common stance at, for Europeans, endless and permanent meetings. Later Kono would sometimes shift to the other extreme and would have his fellows share in his business thoughts only to a small extent although expecting them to accept them.

In Holland lernte er seine zukünftige deutsche Ehefrau kennen. Und so baute er bereits in seiner holländischen Zeit eine Firma in Hamburg (Deutschland) auf. Er pendelte zunehmend zwischen Amsterdam und Hamburg, bis er schließlich Anfang der siebziger Jahre endgültig nach Hamburg übersiedelte.

Dort heiratete er die blonde Deutsche (eine blonde Frau verkörperte für ihn das vollkommene Bild einer charmanten, kühlen, nordischen Schönheit). Mit ihr hatte er eine Tochter und einen Sohn.

Da ihn seine beruflichen Aktivitäten zwischen Deutschland, Holland, Japan und anderen Ländern zusammen mit seinen Karate-Aktivitäten zeitlich sehr in Anspruch nahmen und keine Zeit für die Familie ließen, hatte die Ehe leider nur wenige Jahre Bestand. Für ihn war die Ehe sowieso eher (typisch japanisch) ein Nebeneinander mit klaren Rollen als ein Miteinander in unserem Sinne. Teruo Kono hatte die für Europäer etwas „seltsame" Vorstellung, dass eine Ehefrau nahezu alles, was ihr Mann tut, mit Geduld und Weisheit akzeptieren müsse, da die Verbindung zwischen ihnen nie in Frage gestellt würde und er sich immer um seine Familie kümmern würde.

Seine Frau war ihm in geschäftlichen Dingen immer eine große Unterstützung gewesen, und dies änderte sich auch nach dem Scheitern der Ehe nicht. Es verband sie auch weiterhin eine tiefe partnerschaftliche Freundschaft, die bis einige Jahre vor seinem Tod aufrecht erhalten blieb.

It was in the Netherlands that Teruo Kono met his future wife. While still living in the Netherlands he set up a business in Hamburg, Germany. He would then travel between Amsterdam and Hamburg more often until he would move to Hamburg for good in the early 70s.

There he got married to a blond German woman (to him a woman with blond hair was the embodiment of a genuinely charming and reserved Nordic beauty). With her he would have a son and a daughter.

However, his marriage would only last a few years since his business activities in Germany, the Netherlands, Japan and other countries as well as his karate activities kept him very busy leaving hardly any time for his family. Teruo Kono looked upon marriage rather as a matter of peaceful coexistence with clearly defined roles (typically Japanese) than as a matter of mutual sharing as was the case in the West. Teruo Kono cherished the, for Europeans, somewhat "peculiar" notion that a married woman was obliged to accept almost everything her husband does with patience and wisdom since the bondage between the two would never be challenged and the family would always be looked after by the husband.

With regard to his business matters Teruo Kono's wife had always been a great support of him something which would not change even after their marriage had failed. A bond of deep friendship continued to exist between the two which prevailed until a few years prior to his death.

Teruo Kono bedauerte es auch später noch, dass sich seine Frau von ihm scheiden ließ.

Er war ein Mensch, der grundsätzlich davon ausging, dass alles, was man wirklich will und hinter dem man ganz steht, auch gelingen würde (obwohl dies auch für ihn nicht immer zutraf), und so nahm er quasi nur seine Karate-Sachen und fing wieder von vorne an.

So viel sich in seinem Leben auch immer veränderte, das Karate war die Konstante in seinem Leben. Karate zog sich wie ein roter Faden durch alle Phasen seiner Aktivitäten.

Die erste Zeit in Deutschland

Nachdem er sich in Deutschland etabliert hatte und langsam anfing, neben Japanisch und Englisch auch Deutsch zu sprechen, gründete er nacheinander mehrere Im- und Export-Firmen in Deutschland und in Japan.
Sein „Traum" war immer, so viel Geld zu verdienen, dass er eine Million Mark nur „zum Spielen", wie er es nannte, übrig hätte. Da er aber vorher alle anderen Bereiche wie Firma, Familie, Karate usw. optimal ausgestattet sehen wollte, kam er nie an diesen Punkt, auch wenn er oft Pläne machte, was er mit diesem Geld dann tun würde. Es machte ihm Spaß, Träume zu haben.

Teruo Kono would afterwards still feel very sorry that his wife had separated from him.

He was a personality whose basic assumption had been that everything would finally come true if only you really want it and put all your energy into it (however, he himself would not always live according to this conviction). In the context of their separation Teruo Kono would only carry along his bundle of karate items and start his life anew.

Throughout all the changes in Teruo Kono's life karate had always been his major source of inspiration and strength to draw from. Karate turned out to be the strong foundation of all his activities.

His first years in Germany

After he had settled in Germany and became able to speak German next to Japanese and English he consecutively started several im- and export businesses in Germany and Japan.

His "dream" had always been to possess enough money to have 1 million German marks in excess just "to spend where his mood would lead him" as he used to say. Since his foremost concern, however, was to ensure financial independence for his businesses, family, karate and other areas of interest he would never reach that goal. Nevertheless he would often make plans on how to spend this "excess money". He was certainly fond of having dreams.

Er engagierte sich zunächst in bestehenden Karate-Verbänden, um seine Vorstellungen von gutem Karate umzusetzen, und gründete später seinen eigenen Verband unter dem Namen Wado-Kai, dessen Nationaltrainer er war.

Innerhalb kürzester Zeit schuf er hier durch ein unerbittliches Training und die damit verbundene Selektion eine eingeschworene Gruppe, die der Ausgangspunkt für nationale und internationale Erfolge im Karate wurde und den Grundstein für die erfolgreiche Verbandsarbeit und einen enormen Mitgliederzuwachs legte.

Da sich das vom Deutschen Sportbund offiziell anerkannte Karate in Deutschland unter dem Dach des Deutschen Karate Verbandes (DKV) zu organisieren begann, wechselte er mit seinem Verband dorthin und wurde technischer Berater des DKV. Mit seiner Wado-Ryu-Gruppe konnte er viele Jahre auf Stilrichtungsmeisterschaften aber auch auf stiloffenen Meisterschaften national und international große Erfolge verbuchen, was nicht zuletzt auf das konsequent harte Training ohne Kompromisse zurückzuführen war.

Doch er war nicht nur in Deutschland und in angrenzenden Ländern wie der Schweiz oder Ungarn aktiv, wo er mehrmals im Jahr große Karate-Lehrgänge gab.

Ein weiterer Schwerpunkt seiner sportlichen Aktivitäten lag in Jugoslawien. Besonders berühmt-berüchtigt waren seine Lehrgänge in Budwa und später in Makarska. Dort wurde mitten im Sommer draußen bei

First, he got committed in existing karate associations in order to have his notion of good karate realised and would only later found his own association under the name of Wado-Kai whose national coach he became.

Within a very short time he was able to form a dedicated team by relentless training and tough selection which became the basis for national and international successes, establishing a successful association and attracting large numbers of new members.

When karate started to become organised under the roof of the German Karate Association (DKV) after having been officially acknowledged by the German Sports Federation Teruo Kono and his association joined the DKV for which he then acted as technical advisor. With his Wado-Ryu team Teruo Kono achieved great successes both at national and international open and closed style championships being not the least the result of his uncompromising hard training.

Teruo Kono's karate activities were not only restricted to Germany and bordering countries like Switzerland and Hungary where he would conduct major karate courses of training several times a year.

It was former Yugoslavia which turned out to be another major target of his karate 'mission'. Particularly his seminars in Budwa and later in Makarska were renowned and feared alike. There in the middle of

glühender Sonne oder in einer stickigen Halle (bei schlechtem Wetter), wie er es nannte, „bis zu Ende" trainiert. Diese meist zehntätigen Lehrgänge waren wohl das Härteste, was er seinen Schülern zu bieten hatte. Es wurde tagelang barfuss auf einem rauen Betonplatz mehrere Stunden hintereinander in der prallen Sonne mitten im Hochsommer mit wenigen Pausen und bei strikter Disziplin trainiert. Das war auf jeden Fall Karate in seiner extremsten Form und diente fast mehr der Schulung der psychischen Komponenten als dem Techniktraining, und die Kondition und die Routine der Teilnehmer am Ende des Lehrgangs waren unschlagbar.

Teruo Kono selbst war ein sehr kräftiger, beweglicher Mann, der gezielt seine für einen Japaner seiner Generation ungewöhnliche Größe und sein damit verbundenes Gewicht einzusetzen wusste. Er hatte ein sehr ausgeprägtes Gefühl für den Körperschwerpunkt in den Bewegungen, die Kraftübertragung durch Rotation der Extremitäten, die Ausnutzung des eigenen Gewichtes und anderes, was seine Techniken sehr effektiv machte und beim Gegner ein Gefühl hervorrief, als wenn er einen elektrischen Schlag bekommen hätte. Hier nur ein kleines Beispiel für seine außergewöhnliche Körperbeherrschung: Er konnte die Zehen wie Nukite (einen Fingerstoß) über einander legen (ohne die Hände zur Hilfe zu nehmen), sich die Socken mit den Füßen ausziehen und auch mit sechzig Jahren noch locker Mawashigeri Jodan (einen Halbkreisfußtritt zum Kopf), seine Lieblingstechnik, treten.

summer he would train his students outdoors under a scorching sun or in a close gymnasium (if the weather was unfair) and "squeeze the maximum", as he used to call it, out of them. These 10-day seminars were surely the toughest demands he would place on his students. The training would go on for days requiring the participants to train barefoot on a rough concrete ground for several hours on end practising in the scorching mid-summer sun with just a few breaks requiring uncompromising discipline. This was certainly the most extreme way of teaching and practising karate and rather served to train the karatekas mental strength than to refine their technical skills. At the end of such "die-hard" seminars, however, the fitness and practice of the participants would be invincible.

Teruo Kono himself was a very powerful and agile man who was skilled in bringing into play his physical height (he used to be taller than the average Japanese of his generation) and body weight. He had a strongly developed sense and capability of staying in his phy-sical centre of gravity throughout all his movements, of transmitting power through the rotation of his extre-mities, of making maximum use of his bodily weight and other skills which made his fighting techniques extremely effective and his competitors feel as if hit by an electrical shock. Here follows just a small example of Teruo Kono's exceptional mastery over his body: He was able to put his toes similar to nukite (finger thrust) one on top of the other without the help of his hands, put off his socks with his feet and easily deal a mawashigeri jodan head kick (a roundhouse kick) still at the age of 60. Mawashigeri jodan happened to be

Wenn er Hebel ansetzte, saßen diese immer so exakt, dass niemand gern sein Vorführopfer dabei sein wollte. Seine Einstellung war: Wer sich ihm zum Kämpfen stellte, hat sich selbst dazu entschieden, und deswegen musste auch keine Rücksicht auf ihn genommen werden. Aber er war nicht nur hart zu sich selbst und anderen, sondern auch ein sehr guter Techniker, der alle Bewegungen sowohl mit der linken als auch rechten Seite exakt gleich ausführte.

Als Trainer und Leiter einer Stilrichtung erwartete er Respekt und Fairness von anderen. Diskussionen, auch über das, was er tat, ließ er zwar zu, jedoch erwartete er, dass diese in einer Form vorgetragen wurden, die ihn sein Gesicht wahren ließen. Dabei kam es manchmal zu Missverständnissen, da seine japanischen Maßstäbe mehr Distanz und Zurückhaltung forderten, als dies z.B. in Deutschland üblich ist. Das irritierte ihn im Umgang mit anderen, und er fühlte sich dadurch auch manchmal missverstanden und verletzt.

Wenn er das Gefühl hatte, dass jemand im Karate grundsätzlich andere Ansätze durchsetzen wollte, als er sie hatte, konnte es schon mal auf Versammlungen vorkommen, dass er anbot, diese Differenzen auszukämpfen. Dennoch war er ein sehr aufmerksamer Zuhörer, der an der Meinung und den Gedanken anderer interessiert war und sich intensiv damit auseinandersetzte. So konnte es vorkommen, dass er Monate später einen Gedanken wieder aufgriff oder zu

his most favourite technique. His tackles used to be that firm and precise that no one liked to be selected as demonstration competitor and feel the brunt of his toughness. His attitude had always been: Whoever was willing to contest him did so on his or her free will and, thus, needed not to be shown mercy in any way. Teruo Kono not only happened to be tough towards himself and others but was also an excellent technician who was able to perform left- and right-side movements with the same degree of brilliancy.

As coach and head of a specific karate style he expected respect and fairness from others. Though he would allow of arguments concerning the things he had done he expected from the arguers to present their objections in a way that would allow him to save his face. Such arguments would sometimes cause mis-understandings since the Japanese standards of behaviour inherent in Teruo Kono required greater distance and restraint as is the case for example in Germany. This different approach would sometimes confuse him in dealing with others sometimes causing him to feel misunderstood and hurt.

When he had the feeling that somebody wanted to have approaches to karate realised which were basically different from those he had himself it could likely happen that at meetings he would offer to straighten out the differences in contest. Nevertheless Teruo Kono turned out to be a very attentive listener who showed great interest in different thoughts and opinions on which he would reflect intensively. Thus, it could happen that months later he would take up a

erkennen gab, dass er inzwischen eine andere Einschätzung dazu hätte.

Er konnte nicht verstehen, dass in Deutschland im Sport nicht im Respekt vor der Rolle einer Person und der Person selbst unterschieden wird. In Japan zeigt man im Beisein anderer immer Respekt vor der Rolle einer Person, mag man über die Person selbst auch anders denken.

Ende der siebziger Jahre heiratete er erneut eine Deutsche, die ihn ebenfalls in seinen geschäftlichen Aktivitäten unterstützte. Aus dieser Ehe gingen zwei Töchter hervor.
In Familienangelegenheiten, wie auch in anderen Bereichen, war und blieb er immer ein Wanderer zwischen zwei Welten. Auf der einen Seite traf er quasi westlich eine individuelle Entscheidung in Bezug auf seine Lebenspartnerin, auf der anderen Seite wollte er gern, typisch japanisch, in eine bestimmte Umgebung, d.h. in eine Familie einheiraten, um das soziales, familiäres Beziehungsgeflecht zu haben, das Japanern sehr wichtig ist und einen entscheidenden Teil ihrer inneren Ausgeglichenheit ausmacht.

Ähnlich war es gegenüber seinen Kindern. In der Realität hatte er wenig Zeit, sich mit ihnen zu beschäftigen, aber er machte sich sehr viele Gedanken über sie, beobachtete minutiös ihren Werdegang, hatte klare Vorstellungen von seinen Erwartungen an sie und hoffte immer, sie würden ihren eigenen Weg finden, hinter dem sie voll und ganz stehen könnten. Doch alles spielte sich wohl mehr in seinen Gedanken, als in

thought or signal that he had meanwhile developed a different view on the matter.

It was incomprehensible for Teruo Kono that Germans would not differentiate between the role of an individual as one might have in sports and the individual as such. In his home country respect is always paid to the role of an individual in group situations regardless of the fact that one might judge the person as such differently.

Towards the end of the 70s Teruo Kono got once again married to a German who also supported him in his business activities. There were two daughters of this marriage.
In family and other matters he still was and would remain a wanderer between two worlds. On the one hand he acted very Western like by choosing a spouse on his free will, but on the other hand he would still cherish the typically Japanese habit of marrying into a specific social environment or family in order to become integrated in a specific social and relational network which for Japanese is of major importance and which plays a superior role for maintaining their inner balance.

His relationship with his children was similarly characterized. Actually, he could not spend much time with them, but he would often think about them, closely monitor their progression in life and have clear expectations of them always hoping that they would find their own way with which they could identify 100 per cent. But this was more or less a matter of thinking and would not translate into personal communication

einem konkreten Austausch mit ihnen ab. Einen Einblick in den Umgang mit seinen Kindern zeigt die folgende Episode: Am Strand versuchte eines seiner Kinder, ein großes Gummiboot an Land zu ziehen. Als dies beim ersten Versuch nicht gelang, forderte es trotzig und weinend Unterstützung von seinem Vater. Der kümmerte sich nicht darum, bis das Kind selbst ernsthafte Anstrengungen unternahm.

Er versuchte immer, seine Kinder dazu anzuhalten, selbst zurechtzukommen und erst dann Hilfe in Anspruch zu nehmen, wenn sie ihre Probleme nicht selbst lösen konnten. Daher erschien er seinen Kindern manchmal hart und uninteressiert. Auf der anderen Seite gab er ihrem Drängen, z.B. nach finanzieller Unterstützung, doch immer nach, auch wenn es eigentlich gegen seine Überzeugung verstieß.

Für ihn gab es eine klare „Arbeitsteilung" innerhalb der Familie: Wie in Japan kümmerte er sich um das Familieneinkommen und den Status der Familie, die Frau hatte die Spezialistin für Haus und Kinder zu sein, und alle hatten die nicht ausgesprochenen Erwartungen bestmöglichst zu erfüllen, damit er seinen Kopf für seine Verpflichtungen frei hatte. Hatte jemand besondere Fähigkeiten, respektierte er dies sehr, auch wenn sie nicht in sein eigenliches Weltbild passten.

Er persönlich war der Meinung, dass er für einen Japaner viel mit den Menschen in seiner privaten Umgebung kommunizieren würde. Dabei setzte er allerdings voraus, dass alle in seiner Umgebung das,

with them. There is one episode which gives some insight in his dealings with his children: Once one of his children tried to pull a rubber boat onto the shore. Upon failing at first trial the child defiantly and tearfully called for the aid of its father. Teruo Kono would not pay attention to his child's calls until it would make serious endeavours to succeed all by himself.

Teruo Kono always tried to make his children get along well all by themselves and only ask for help when they were really not able to solve their problems alone. This is why his children would sometimes think of him being a hard and disinterested father. In other situations, however, Teruo Kono would always give in to their urges such as for financial support although such behaviour was basically against his personal convictions.

For him there was a clear "division of labour" within his family: As was the custom in Japan, Teruo Kono was responsible for supporting the family financially and upholding its social status whereas his wife had to take care of the house and children and the entire family had to live up to the unspoken expectations in the best way possible so that Teruo Kono was free to commit himself exclusively to his obligations. Teruo Kono would highly appreciate people with particular skills and capabilities even if these would not correspond to his usual view of the world.

He himself was of the opinion that as a Japanese he would communicate with the people close to him to a large scale. However, he assumed that all those close to him would already know the things he considered to

was er für selbstverständlich hielt, ohnehin wüssten.

Im Karate war es ähnlich. Er ging davon aus, dass jedem die japanischen Verhaltensweisen und Denkarten geläufig wären. So zeigte er sich großzügig und entgegenkommend gegenüber Leuten, die gegen seine Ideen arbeiteten, und erwartete von ihnen dafür ebenfalls ein Entgegenkommen. Er war dann immer enttäuscht und fand es unhöflich, wenn sich diese nicht so verhielten. Oder er ging davon aus, dass sich ein einmal bestehender Respekt voreinander oder eine Hierarchie oder eine Art der Beziehung nie ändern würde, jedenfalls nicht im öffentlichen Umgang miteinander, obwohl sich vom Gefühl der Personen untereinander viel verändern mochte, und er konnte nicht nachvollziehen, warum Europäer dies für sich auch nach außen in Einklang bringen wollen. Ein Beispiel: In Japan bleibt man immer ein respektvoller Schüler seines Meisters, selbst wenn man diesen schon lange „überholt" hat. Von daher können die Meister „in Ruhe" dafür sorgen, dass ihre Schüler besser werden als sie selbst, da sie davon keine Nachteile befürchten müssen.

Obwohl er inzwischen Deutschland als seinen Lebensmittelpunkt betrachtete, verbrachte er fast die Hälfte des Jahres nach wie vor in Japan oder anderen Ländern. Neben Häusern in Deutschland und Japan hatte er sich auch ein schönes Anwesen in Spanien gekauft, wo er gern ein paar Tage im Anschluss an Karate-Lehrgänge verbrachte und das er als Ausgangspunkt für Treffen mit Freunden und Geschäftspartnern nutzte.

be self-evident.

The situation in karate was similar. He assumed that everybody had knowledge of the Japanese ways of behaviour and thinking. He was generous and obliging to people who would undermine his ideas, but would in return expect of them some kind of obligingness, too. Teruo Kono would always be disappointed and find it impolite whenever this expectation was not met by such people. Furthermore, Teruo Kono assumed that the respect, hierarchy or kind of relationship once established between individuals would never change, at least when it comes to dealing with each other in public, and this although their might be fundamental changes to the feelings the individuals would have toward each other. He could not quite understand why Europeans would strive to make their inner changes match their outside world. Just one example: In Japan you will always stay a respectful student of your master even if you might have "outstripped" him or her. And because the Japanese masters know that they will always be respected by their students they can pass on to their students all their skills without having to worry.

Although Germany had meanwhile been considered by Teruo Kono as his centre of life he would still spend a great portion of his time in Japan or other countries. Next to owning houses in Germany and Japan he got in possession of a beautiful estate in Spain where he would like to spend a couple of days subsequent to karate seminars conducted by him and which he would use as a platform for meetings with friends and business partners.

Dort konnte er auch seinen weiteren sportlichen Ambitionen nachgehen: dem Golf, dem Schwimmen und Tauchen. Er hatte fast immer auf Reisen eine Golf-ausrüstung griffbereit und suchte die Gelegenheiten zu einem Spiel. Er mochte die Bewegungen, - besonders die Hüftbewegungen waren für ihn ähnlich wie im Karate -, nutzte die Mitgliedschaft im exklusivsten Golfclub von Hamburg und in anderen Ländern aber auch für geschäftliche Kontakte. Er war gut im Golf und spielte auch Turniere. Außerdem konnte er sehr gut und ausdauernd schwimmen und tauchen. Er sagte immer, das gehöre für einen Japaner einfach dazu, schließlich seien die Japaner „Kinder des Meeres".

Anfang der achtziger Jahre starb sein Vater und so fühlte er zunehmend die Verpflichtung, sich stärker um seine Mutter in Yokohama zu kümmern. Um den Flug für sie nicht so lang werden zu lassen, überlegte er sich, sie quasi auf der Hälfte z.B. auf Hawaii zu treffen. Schließlich entschied er sich, um wenigstens ein paar Tage mit ihr verbringen zu können, sie nach Deutsch-land zu holen und dann zu einem Karate-Lehrgang in Jugoslawien mit zu nehmen.

Am letzten Tag fand dort immer ein kleines Turnier mit anschließender Feier statt. Seine Mutter bestand darauf, in diesem Rahmen ein Lied auf dem Shamisen (einer Art Gitarre) zu spielen und überredete Teruo Kono dazu, ein japanisches Lied zu singen. Das gefiel ihm überhaupt nicht, aber seiner herzensguten aber resoluten Mutter, zu der er ein sehr enges Verhältnis

There he could also practise other sports of which he was fond: Namely, golfing, swimming and diving. Teruo Kono would almost always carry some golfing gear with him on his travels and take up any opportunity for a game of golf. Teruo Kono liked the movements inherent in this game and particularly found the hip movements similar to those applied in karate. He would also use his membership in the noblest golf club in Hamburg and clubs in other countries for establishing and maintaining business contacts. He used to be good at golf and would also compete in tournaments. Apart from this he used to be an excellent and fit swimmer and diver. According to Teruo Kono these skills were quite natural for Japanese who considered themselves as the "children of the sea".

In the early 80s Teruo Kono's father died resulting in an increased feeling of obligation to take more care of his mother back in Yokohama. In order to spare her a long and burdensome flight he had in mind to meet her halfway, e.g. on Hawaii. However, he finally decided to have her come to Germany to be able to spend at least a few days together with her and take her along on a karate seminar in Yugoslavia.

At the end of these seminars there would always be a small-scale tournament followed by a closing ceremony. On such an occasion his mother would insist on playing a song on the shamisen (a sort of guitar) and persuaded her son to sing a Japanese song. Although his mother's idea was not very much to his liking, he could barely reject his mother's wish who

hatte, konnte er schlecht einen Wunsch abschlagen, und so kamen die Karateka aus Jugoslawien, Ungarn, der Schweiz, Belgien und Deutschland in den seltenen Genuss, Teruo Kono „in concert" zu erleben. Anschließend tat er dann das, was ihm mehr lag: Er demonstrierte kompromisslosen Freikampf.

Nach langem Zögern entschloss er sich Anfang der achtziger Jahre, ein Buch über Karate zu schreiben. Grundsätzlich war er der Meinung, dass man Karate nur durch das direkte Vorbild beim Training und die konsequenten eigenen Aktivitäten lernen, erfahren und begreifen könne, aber er akzeptierte auch das Bedürfnis der Karate-Lernenden, eine illustrierte Anleitung für den Ablauf der Übungen haben zu wollen, da nicht jeder permanent in der Lage war, überallhin zu Lehrgängen zu fahren. So entstand das Buch „Der Weg zum Schwarzgurt", das den technischen Weg vom Anfänger bis zum 1. Dan-Grad aufzeigt. Nach seiner Meinung konnte man die Philosophie des Karate allerdings nur durch die Anregungen und Anforderungen eines Sensei (Karate-Lehrers) lernen bzw. verstehen, und so wird dieser Aspekt im Buch durch die Darstellung einiger Grundsätze angesprochen, ohne ausführlich erläutert zu werden.

Als Teruo Kono nach Europa kam, fühlte er sich als Japaner im Ausland und ging davon aus, dass er irgendwann, spätestens im Rentenalter, wieder ganz in Japan leben würde. Im Laufe der Zeit verlagerte sich aber auch sein emotionaler Lebensmittelpunkt immer

happened to be a good-hearted but resolute person. And, thus, the karatekas from Yugoslavia, Hungary, Switzerland, Belgium and Germany were given the opportunity to see their master on a different stage. Following this, he had his chance in demonstrating the things to which he was more up to: An uncompromising karate fight.

After much hesitation he finally decided to write a book on karate in the early 80s. He would basically think that karate could only be learned, experienced and grasped by direct demonstration in training and full commitment by each practitioner. But he would also accept the need of karate students to have an illustrated instruction manual at hand covering the sequence of exercises since none of the students could always spare the time to attend all courses of training offered. Thus, the book "The Way to Mastering the Black Belt" came into existence. In this very book Teruo Kono describes the way of the karate beginner to advancing to the Dan level with respect to mastering the technical require-ments. In his opinion, however, it was only possible to learn or grasp the philosophy of karate by exposing oneself to the inspiration and instructions of a genuine sensei (karate instructor/master of karate). This is why Teruo Kono gives only a brief outline on these prince-ples in his book without going deeper into the matter.

When Teruo Kono came to Europe he felt like a Japanese in foreign territory and assumed that some time later he would return to his native country, at the latest upon his retirement, and live there for the remainder of his life. But in the course of time Teruo

mehr nach Europa (vor allem Deutschland). Dennoch gab es hin und wieder immer Phasen in seinem Leben, in denen er überlegte, wieder nach Japan zu gehen, auch wenn er zunehmend spürte, dass sich die Realität in Japan veränderte und damit die Distanz zwischen Japan und ihm größer wurde.

Teruo Kono war trotz seiner kämpferischen Fähigkeiten ein sehr friedlicher Mensch. Einmal in einer Diskothek stellte sich ein sehr großer Bodybuilder demonstrativ vor den Tisch, an dem er zusammen mit anderen saß, und versperrte die Sicht auf die Tanzfläche. Auch mehrmalige freundliche Bitten, doch etwas zur Seite zu gehen, nützten nichts. Schließlich stand Teruo Kono unauffällig auf, trat hinter ihn, hob ihn hoch, und stellte ihn über einen Meter entfernt wieder hin. Der Mann drehte sich aggressiv um, doch Kono bot ihm nur ganz freundlich einen Platz an seinem Tisch an. Woraufhin der Bodybuilder irritiert wegging.

Ein anderes Mal saß Teruo Kono in einem Restaurant. Ein Betrunkener kam herein und begann sofort Kono ausländerfeindlich zu beschimpfen. Kono ignorierte das völlig und aß in Ruhe (aber aufmerksam) weiter. Als andere am Tisch sich einmischen wollten, signalisierte er ihnen, dies zu unterlassen. Schließlich gelang es einer weiblichen Bedienung, den Mann zum Gehen zu überreden. Kono sagte: Sich um solche Leute zu kümmern ist nicht unsere Aufgabe, dafür muss der

Kono's emotional centre of life would increasingly shift towards Europe, and in particular to Germany. However, this would not mean that there had not been times in his life when he would think of returning to Nippon for good although he had been increasingly aware that even the Japanese reality of life was in a process of change making the gap between him and the Japan of his time increasingly wider.

Despite of his fighting skills Teruo Kono used to be a very peaceful person. Once a very tall body builder would challengingly posture himself at Teruo Kono's table in a discotheque where Teruo Kono was sitting with some friends and obstruct his view of the dancing floor. Although Teruo Kono would kindly request him to step aside several times, he would not move. Finally, Teruo Kono would get up quite unnoticed, step behind his challenger, lift him and put him down again a few distance off from where he stood. The man would turn around pulling an aggressive face, but Teruo Kono would only offer him a seat at his table in a very friendly manner. This seemingly confused his challenger who would then simply leave the scene.

On another occasion Teruo Kono was sitting in a restaurant. While sitting there a drunk entered the place and immediately started to call Teruo Kono names in a discriminating way. Teruo Kono paid no attention to him and continued to enjoy his meal at ease, but still with due attention. As others sitting at his table were about to interfere he would signal to them not to do so. Finally, a waitress of the restaurant succeeded in making the drunk leave the restaurant.

Restaurant-Besitzer sorgen.

Teruo Kono konnte mit seiner Entscheidungsfindung manchmal verblüffen. Bei einer Autofahrt zu einer Firma fand er es überflüssig, auf den Stadtplan zu gucken, da ihm ein Bekannter erzählt hätte, die Firma sei leicht zu finden. Also wurde einfach nach Gefühl ohne Ortskenntnis gefahren, und das in einer Groß-stadt. Unglaublich aber wahr: Plötzlich lag die Firma direkt vor ihm.

Teruo Kono hatte gute Umgangsformen, Humor und Charme. Er konnte durch seine ruhige, kultivierte Ausstrahlung überzeugen. Da er seine Umgebung normalerweise nicht an seinen Gedanken oder an Ereignissen, die ihn berührten, teilnehmen ließ, konnte es jedoch vorkommen, dass er manchmal plötzlich aufbrausend oder verbal aggressiv reagierte, ohne dass dies für andere nachvollziehbar war. Als japanischer Mann meinte er gegenüber Familien-mitgliedern oder Personen seiner näheren Umgebung, dieses „Recht" zu haben, seinen Gefühlen in bestimm-ten Situationen freien Lauf zu lassen. Er erwartete dann, dass dies mit Gelassenheit „ertragen" würde, und konnte den „Protest" der Europäer nicht verstehen.

Teruo Kono would say: It is not our, but the restaurant manager's task to deal with such people.

Teruo Kono's decisions could sometimes confuse and surprise the people around him. Upon driving to an appointment with a company he would think it superfluous to have a look on the city map since a friend had told him that the company would be easy to find. He would then have himself guided by his intuition although he did not know the place at all, which happened to be a big city. Unbelievable but true: The company would suddenly appear before his eyes.

Teruo Kono used to have good manners, humour and charm. He had a convincing nature by his centred and cultivated charisma. However, since Teruo Kono would usually not share his thoughts and feelings that really touched him with others it could happen that he, quite unexpectedly for his companions, would burst out or react in a verbally aggressive manner. As a Japanese male he would think to have the "right" to express his feelings freely in the presence of his family or close friends. On such occasions he would expect his outbursts to be accepted with due calmness, but could not understand the "protests" then being raised against him by Europeans.

Aktivitäten ab Mitte der achtziger Jahre

Anfang und besonders Mitte der achtziger Jahre hatten Teruo Kono und andere das Karate in Europa so weit etabliert, dass es überall nationale und einmal im Jahr europäische Meisterschaften gab. Er selbst hatte 1984 in Japan eine technische Prüfung zum 8. Dan im Karate abgelegt, um allen zu beweisen, dass man auch mit fünfzig Jahren noch fit genug ist, sich einer mehrstündigen technischen Prüfung zu stellen und technische und vor allem taktische Varianten in Anwendung zu demonstrieren. Bei seinem Partner legte er Wert auf konsequente, schnelle Angriffe, um seine Perfektion (im letzten Moment zu reagieren) und die Ausgereiftheit seiner Techniken zeigen zu können.

Am nächsten Tag startete er auf der internationalen offenen japanischen Meisterschaft (zu der Zeit quasi die Weltmeisterschaft des Wado-Kai). In der Kata (Formübung) überredeten ihn die Offiziellen, seine Meldung zurückzunehmen und seine Kata als Demonstration zu zeigen. Dabei ließ er an der kämpferischen Anwendbarkeit einer Kata keine Zweifel aufkommen. Im Kumite (Freikampf) startete er im Einzel. Er gewann einige Kämpfe, wurde jedoch wegen zu großer Härte mehrmals verwarnt und schließlich deswegen disqualifiziert. Das ärgerte ihn sehr, da er die Verantwortung für den zu harten Kontakt bei seinen Gegnern sah (Mubobi, Vernachlässigen der eigenen Sicherheit), die

Activities beyond 1985

In the early 80s and, particularly, in the mid-80s karate had been established by Teruo Kono and others to the extent that national championships were staged locally throughout Europe with one European championship held once a year. He himself took a technical examination for 8th Dan in karate back in Japan in 1984 to give proof of his conviction that even at the age of 50 one might still have the power to undergo a technical examination for several hours and demonstrate technical and, most of all, tactical moves in action. With regard to his competition partner he would place major emphasis on straightforward and fast attacks in order to be able to demonstrate his perfection in just-in-time reactions and technical mastery.

On the day following his examination Teruo Kono competed at the Japanese Open which at that time could be considered the Wado-Kai World Championship. With regard to kata (formal practise) the officials would persuade him to withdraw his registration and perform his kata as a demonstration. While performing his kata he would make sure to demonstrate how a kata can be performed with force and power based on the right fighting spirit. In kumite (free fighting) he participated in the singles' competition. He was victorious in several competitions but was cautioned several times due to excessive harshness which finally led to his disqualification. Teruo Kono was very upset about this ruling since he deemed his competitors

ohne Rücksicht auf die eigene Deckung in seine Techniken hineinliefen.

Im Alter von 50 Jahren auf solch einer Meisterschaft zu starten, ist absolut außergewöhnlich. Als Kämpfer durch und durch wollte er sich noch einmal testen, und vor allem wollte er zeigen, dass das Karate zu der Zeit mit seiner eingeschränkten Palette an Techniken nicht automatisch eine Folge der bevorzugten Wertungen durch die Kampfrichter war, sondern dass es sich die Kämpfer zu einfach machten und es immer noch möglich war, mit einer Vielzahl an Techniken und technischen Varianten auch auf großen internationalen Turnieren zu punkten. So bewies er mit seinen Kämpfen, dass es immer noch möglich war, mit Stopmaegeri (Maegeri mit dem vorderen Bein), Auffangen der gegnerischen Fußtechniken mit anschließendem Wurf, seitlichem Herausgehen mit Folgetechnik (Nagashizuki oder Mawashigeri), Weiterführen des Schrittes durch Ashi Barai (Fußfeger) und ähnliche anspruchsvollen „Tricks" Punkte zu machen. Auch wenn er wegen Durchschlagens disqualifiziert wurde, dieses Ziel hat er erreicht und die jungen Kämpfer mit seiner Art reichlich irritiert und in äußerste Bedrängnis gebracht.

Erst heute, gut 17 Jahre später, nach einer Änderung der Wettkampfregeln (es sind viele Punkte bis zum Sieg nötig) „trauen" sich die Kämpfer wieder, solche Risiken einzugehen.

responsible for his harsh actions (mubobi = neglect of one's own safety) who would, in his opinion, run into the techniques applied by him without taking due consideration of covering themselves.

To compete at such a kind of championship at the age of 50 is definitely exceptional. But as a born fighter he wanted to test himself once again and primarily show that the karate of that time with its restricted range of techniques was not automatically the result of the preferential ratings of the referees but that the competitors would take things too easy and that it was still possible to score at big international tournaments by displaying a great variety of different techniques and technical variants. In his competitions Teruo Kono gave proof that it was still possible to score by applying refined technical feats such as stopmaegeri (maegeri with the lower leg), parrying his opponents' feet attacks and striking back with a throw, stepping sideways and applying subsequent techniques (nagashizuki or mawashigeri) and advancing his step by applying ashi barai (a trough technique) just to name a few. Although Teruo Kono had been disqualified due to his harshness he nonetheless had achieved his self-imposed goal and was able to cause much confusion among his younger competitors giving them a real hard time.

Only today, about 17 years into this event the competitors again "dare" to expose themselves to such risks following a change of competition rules (many scores are required for final victory).

1987 machte er die Wado-Kai-Europa-Meisterschaft in Hamburg zu einem Fest des Karate. Mit viel persönlichem, zeitlichem und finanziellem Einsatz schaffte er es, eine vom Teilnehmerfeld und von der Zuschauerzahl her außergewöhnliche Veranstaltung zu präsentieren. Den krönenden Abschluss nach den Wettkämpfen bot eine Feier, bei der das Macho-Image des Karate durch den Auftritt einer Bauchtänzerin unterstrichen wurde (was den Protest nicht weniger Teilnehmerinnen hervorrief). Dennoch war es eine sehr gelungene Feier. Die hervorragenden Wettkämpfe und Demonstrationen wurden von einem Videoteam professionell dokumentiert und im deutschen Fernsehen gezeigt, das sonst mit Karate-Beiträgen sehr zurückhaltend war.

Überhaupt, in Hamburg fühlte er sich sehr wohl. Trotz seines internationalen Engagements gab er von Ende der siebziger Jahre bis Anfang der neunziger Jahre regelmäßig Training an der Hamburger Universität und hoffte, gerade die Studenten für seine Ideale und Ideen begeistern zu können.
Seine „Karate-Stadt" war jedoch eher Bremen. Dort gab er jedes Jahr mehrere Jahrzehnte lang zweimal im Jahr große Lehrgänge, und er fühlte sich karatemäßig dort besonders zu Hause.

Gesundheit und physische, aber vor allem auch psychische Stärke waren ihm wichtig. Wenn ihm gesundheitliche Risiken z.B. in Ländern, die er bereiste, bekannt waren, vermied er sie. Andererseits, was er nicht wusste, versuchte er auch nicht unbedingt herauszufinden. So reiste er ohne Bedenken und

In 1987 Teruo Kono turned the European Wado-Kai Championships staged at Hamburg into a celebration of karate. With much personal, time-consuming, and financial commitment he succeeded in presenting an exceptional event with regard to competitors and the sheer number of spectators. The end of the competition was highlighted by a closing ceremony featuring the performance of a belly dancer which underlined karate's macho image and caused protests among quite a few female competitors. Despite of this the celebration turned out to be a success. The excellent competitions and demonstrations had been document-ted by a professional video team and were later shown on German TV which otherwise had been very reluctant in reporting on karate.

Altogether Teruo Kono would feel very comfortable in Hamburg. Despite his many international commitments he frequently conducted courses of training at Hamburg University from the late 70s up to the early 90s hoping that especially the academic students would be most enthusiastic about his ideals and ideas.
His favorite "karate city", however, turned out to be the city of Bremen. There he would conduct major courses of training each year for several decades and feel particularly at home from a karate point of view.

Teruo Kono placed superior emphasis on health, physical and most of all mental strength. If he knew about health risks existing, for example, in countries to which he used to travel he would not go there. On the other hand, however, he was not very eager to find out things which were not known to him yet. That is why he

spezielle Vorbereitung durch verschiedenste Länder, u.a. Ruanda, wo er hautnah die berühmten Berggorillas besuchte, wobei ihn die Größe und Kraft der Männchen sehr beeindruckten. Im Geiste hat er wohl seine Chancen gegen ein Gorilla-Männchen abgewogen.

Teruo Kono hatte viel Humor. Er nutzte jede Gelegenheit, etwas Lustiges an Dingen, Situationen oder Menschen zu finden. Er hatte Spaß an Wortspielen, Diskussionen über das aktuelle Zeitgeschehen, und er las gern und häufig Biographien berühmter Persönlichkeiten. Seine bevorzugten Sprachen dabei waren Japanisch, Englisch und Deutsch. Aus einigen anderen Sprachen beherrschte er einige Worte oder Redewendungen.

Die neunziger Jahre

Anfang der neunziger Jahre erwog Teruo Kono erneut, seinen Lebensmittelpunkt nach Japan zu verlagern. Seine Geschäfte in Japan waren erfolgreicher als in Europa (und erforderten seine Anwesenheit), und er hatte sich dort inzwischen geschäftlich so etabliert (durch Beratertätigkeiten und Ähnliches), dass seine früheren Bedenken, sich wieder in das alltägliche japanische Leben mit seinen Ansprüchen integrieren zu müssen, nicht mehr bestanden. So verbrachte er bis Mitte der neunziger Jahre viel Zeit in Japan.

Nachdem das Buch „Der Weg zum Schwarzgurt" erschienen war, wurde er immer wieder gedrängt, doch

toured countries such as Ruanda without any concerns and specific preparations. At Ruanda he saw the famous gorillas from a short distance and was certainly impressed by the tallness and power of the male animals. In his mind he might have well weighted his chances in challenging one of them.

Teruo Kono possessed much humor. He used any occasion to spot the funny side of things, situations and people. He liked puns, discussions on current events as well as reading biographies on famous personalities. His most favorite languages with regard to such occasions used to be Japanese, English and German. With regard to other languages he had only knowledge of a few words and expressions.

The 90s

In the early 90s Teruo Kono again considered to go back to Japan. His business turned out to be more successful in Japan than in Europe (and required his presence there). Furthermore, he had meanwhile been well-established in business (by providing consulting and similar services) that his former fears not being able to reintegrate to Japanese life with its require- ments on the individual did no longer prevail. That is why he spent much time in Nippon until the mid 90s.

After he had written and published "The Way to Mastering the Black Belt" he was frequently urged by

eine Fortsetzung für Dan-Grade zu schreiben. Da das eigentliche Begreifen dessen, was Karate ist, für ihn erst mit dem Dan-Grad begann, wollte er diesen wichtigen Bereich nicht sozusagen unkontrolliert durch ein Lehrbuch zugänglich machen. Ihm war die Lenkung durch einen Sensei (Karate-Lehrer) besonders für Dan-Grade in technischer und vor allem mentaler Hinsicht überaus wichtig. Da jedoch immer unterschiedlichere Interpretationen der Übungen die Runde machten, entschloss er sich, mit dem Buch „Der Weg des Schwarzgurtes" die Basisinterpretationen darzustellen, um allen Übenden eine Orientierung zu geben.

An Personen, die viel Kontakt mit ihm hatten, stellte er ganz besonders hohe Ansprüche, da er der Meinung war, diese könnten schließlich auch viel von ihm lernen (bezogen auf das Karate).

Mitte der neunziger Jahre erhielt er von Wado-Kai Japan den Titel Hanshi verliehen. Diese ehrenvolle Auszeichnung für seine Verdienste um das Karate war eine schöne Bestätigung für sein Engagement.
Teruo Kono gehörte zur Elite des Wado-Karate. Im Gegensatz zu vielen anderen großen Meistern ermunterte er jedoch immer wieder seine Schüler, auch von anderen Karate-Senseis oder Karate-Stilen zu lernen. Auch praktisch setzte er diesen Gedanken um, indem er auch solche Senseis zu seinen Lehrgängen einlud, die andere Karate-Meinungen vertraten als er. Schüler anderer Karate-Richtungen waren auf seinen Lehrgängen immer willkommen und wurden von ihm mit der gleichen Aufmerksamkeit bedacht wie „seine" Karateka.

people to write a sequel focusing on the Dan grades. Since according to his opinion actual understanding of the true nature of karate would only develop upon having advanced to a Dan grade he refrained from disclosing this very important issue in an, so to speak, uncontrolled way by a book. His concern had been that particularly holders of Dan grades should be led by a true sensei with regard to their technical and most of all mental training. However, since it was quite common that the karate exercises were interpreted differently he finally decided to give a basic interpretation by his book "The Way of the Black Belt" as a means to give orientation to all practitioners.

Teruo Kono would particularly place high demands on persons who maintained frequent contact with him since he cherished the opinion that they could learn a lot from him with regard to karate.

In the mid 90s he was awarded the title hanshi by the Japanese Wado-Kai organization. This honorable award for his merits in promoting karate was a well-deserved confirmation of his commitments.
Teruo Kono certainly belonged to the elite in Wado karate. In contrast to many other great karate masters he would constantly encourage his students to open themselves up to other karate senseis or styles and learn from them. He himself would act likewise by inviting senseis to his seminars who supported a different opinion of karate. Students from different lines of karate had always been welcome at his seminars and given the same degree of attention by him as "his" karatekas.

Teruo Kono lebte vor, dass Karate nicht nur eine Kampfkunst ist, sondern eine Orientierung für das ganze Leben beinhaltet. Wichtig war ihm dabei immer, was jemand tat und nicht, was er sagte.

Durch sein Engagement formte er viele Karate-Lehrer aber auch Europa- und Weltmeister.

Überall, wo er lehrte, hinterließ er nachhaltige Spuren.

Seine Schüler vor allem aus Deutschland und der Schweiz feierten mit ihm in gediegener Atmosphäre seinen 60. Geburtstag, zu dem er aus der ganzen Welt Glückwünsche erhielt. Für Japaner ist der 60. Geburtstag ein sehr wichtiges Datum (Kanreki). In der Laudatio zu diesem Anlass betonte einer seiner Schüler seine herausragenden Eigenschaften: Härte und Ausdauer in der Auseinandersetzung, aber auch Großzügigkeit und Verständnis (im sportlichen wie im geschäftlichen Umgang), Geduld und Nachsicht, verständliche Vermittlung von Technik und Taktik / Strategie, Höflichkeit und Respekt vor den Mitmenschen, Fürsorge für andere, nicht aufgeben, bis man entweder alles erreicht hat oder endgültig geschlagen ist, viele Wege zum Ziel verfolgen, Abwägen des Für und Wider vor einer Entscheidung, nicht nur die Oberfläche sehen, sondern hinter die Dinge blicken, Probleme als Herausforderung betrachten, Freude am Leben.

Nach vielen Jahren Aufenthalt in Europa bekam er, wie viele andere Japaner auch, Heuschnupfen, der so stark war, dass er ihn mit Cortison bekämpfte. Dadurch nahm er an Gewicht zu, was er gar nicht mochte. Genauso differenziert, wie er kleinste Bewegungen

By his example Teruo Kono showed that karate does not only happen to be a martial arts but a guide giving orientation through one's entire life. With regard to other people he esteemed the way somebody acted higher than what he or she would say.

By his commitment he "raised" many karate instructors and also European and world champions and would leave lasting impressions wherever he taught.

Particularly his German and Swiss students participated in the celebration of this 60th birthday which was held in a tasteful setting and to which occasion Teruo Kono received congratulations from all over the world. The 60th birthday happens to be a very important date (kanreki). On this occasion a participating student gave expression of Teruo Kono's remarkable characteristics in his résumé. Toughness and perseverance in competition, generosity and understanding in business and sports encounters, patience and leniency, clearness in imparting technical and tactical/strategic skills, courtesy and respect of his fellows, care for others, ultimate commitment until final victory or defeat, openness in achieving one's goal by many ways, facing decisions by clearly weighing their pros and cons beforehand, penetrating the core of things, seeing problems as challenges and enjoying life.

After being in Europe for many years he, like many other Japanese, started to develop hey fever which became so severe that he was obliged to treat it with cortisone. As a result of this cure he gained weight which he disliked very much. With the same sensitivity

wahrnahm, registrierte er auch kleinste Veränderungen an sich selbst. Gesünder und stärker als andere zu sein, war für ihn auch eine Art Wettstreit mit anderen seines Jahrgangs, auch wenn diese nichts davon wussten. Er sagte: Älter werden ist wie eine Krankheit. Wenn er tatsächlich einmal krank war, genoss er es, bedauert zu werden, und auch einmal Schwäche zeigen zu können.

Kono versuchte, seine Ideale aus dem Budo auch im Im- und Export-Geschäft oder bei anderen geschäftlichen Aktivitäten umzusetzen. Dies bedeutete für ihn, wohlüberlegt mit einer gewissen Direktheit, gepaart mit Fairness, zu agieren. Er liebte die Herausforderung durch Termingeschäfte, weil sie ihn zwangen, sich wieder ganz auf einen Punkt zu konzentrieren, und das darin enthaltene Prinzip „Alles oder Nichts" übte auch einen Reiz auf ihn aus und belebte ihn.

Noch mehr Freude machten ihm aber seine Beratertätigkeiten. Hier konnte er all seine Fähigkeiten einbringen: seine Informiertheit über aktuelle Ereignisse und Trends ebenso wie über die Vergangenheit, seine Kontakte, sein Interesse an Personen des Zeitgeschehens, und er konnte sich mit bekannten und interessanten Persönlichkeiten austauschen.
Dabei kam ihm seine profunde Kenntnis der europäischen Sichtweisen im Vergleich zu denen der Asiaten zugute.

Er pflegte darüber hinaus intensive Kontakte nach Amerika aber auch nach Afrika (besonders Ruanda).

enabling him to perceive tiniest movements he would also notice minute changes in his being. To be stronger and healthier than other members of his generation was also some kind of competition for him even if they would not know about this. He used to say: "To grow old is like a diseases." When being truly sick, however, he would enjoy to be felt sorry for and have the scarce chance of revealing weakness.

Teruo Kono tried to realize his budo ideals also in his business activities including his im- and export business. For him this meant to act with a certain straightforwardness based on fairness after having given due consideration of his moves. He certainly loved the challenges of fixed-date businesses since they would force him to refocus on a single point. Particularly, the all-or-nothing principle inherent in such kind of businesses had a great motivating and revitalizing impact on him.

But he would get most fun out of his consulting activities. As consultant he could bring in all his skills and capabilities: That is his knowledge of current events and trends as well as of the past, his contacts and knowledge of persons and current matters, and not the least his ability to communicate with renowned and interesting personalities.
Thereby, his profound knowledge of European in contrast to Asian thinking would help him greatly.

Teruo Kono also maintained close contact to America and Africa (particularly Ruanda).

Nachdem 1994 der Krieg in Ruanda ausgebrochen war, unterstützte er dort auch weiterhin ihm bekannte Personen durch Care-Pakete und anderes.

Geschäftliche Ziele verfolgte er genauso mit Ausdauer und dem Verfolgen verschiedener Wege, um zum Ziel zu gelangen, wie er das im Sport auch tat.
Persönliche Beziehungen spielten für seine geschäftlichen Aktivitäten eine große Rolle. Daraus ergab sich die Notwendigkeit ständiger Reisetätigkeit.
Er bereitete seine geschäftlichen Aktivitäten immer sehr akribisch vor, indem er sich umfangreiche Informationen beschaffte, sich verschiedene Strategien und Vorgehensweisen für alle möglichen Eventualitäten zurechtlegte, und vor allem neben den kurzfristigen auch die langfristigen Aspekten im Auge behielt.

Er wäre gern ebenso wie auch im Karate in geschäftlichen Dingen die Nummer 1 geworden, aber er wusste, dass dies mit seiner Einstellung und Herangehensweise schwer zu erreichen war. Dazu hätte er seine klaren Standpunkte mehr zurückstellen müssen und sich häufig auch in eine Grauzone begeben müssen.
Die guten Beziehungen und die Atmosphäre untereinander war ihm häufig wichtiger als ein schneller Geschäftsabschluss.

Seine Entscheidungen bewegten sich ständig in finanziellen Größenordnungen, die andere Leute längst um den Schlaf gebracht hätten.

He would continue to support friends by care packages and other means after the outbreak of the war in Ruanda in 1994.

Teruo Kono pursued his business goals with the same degree of perseverance and flexibility as was applied by him in sports.
Personal ties and contacts were of major importance to him in his business dealings which, quite naturally, required a lot of travelling.
Teruo Kono used to prepare all his business activities with great diligence by collecting comprehensive information, designing different strategies and approaches for all kinds of contingencies thereby focusing not only on short-term but mostly on long-term results.

Though he would have liked to achieve as much success in business as in karate he was well aware of the fact that this would be out of his reach due to his attitude and approach. In order to be that much successful in business he would have been obliged to surrender his clear views more often and even access ethical grey zone grounds more frequently.
But Teruo Kono was generally more interested in having good relationships and a harmonious atmosphere than having business deals concluded by all means.

His business decisions used to involve sums of money which would have robbed others of their peaceful sleep.

Apropos Schlaf: Er unterbrach häufig seinen Schlaf, um in irgendeinem Land rechtzeitig zum dortigen Bürobeginn ein Angebot abzugeben, eine Information zu hinterlassen oder ein Telefonat zu führen. Dennoch machte er fast nie einen unausgeglichenen Eindruck. Er hatte die Fähigkeit, sich innerhalb kürzester Zeit entspannen zu können und neue Energien aufzubauen.

Teruo Kono war ein vielseitig interessierter Mensch, der von überall her Anregungen aufnehmen konnte und diese sich auch aktiv beschafft hat - durch Zeitungen, Bücher, Messen, Reportagen, politische Magazine, Gespräche usw..

Ein japanischer Geschäftspartner von ihm, Herr Enomoto, lernte ihn um 1965 in Berlin kennen, als Kono eine Lieferung für ein japanisches Lebensmittelgeschäft persönlich überbrachte, um seine Kunden kennen zu lernen. Später wurden beide zum selben Zeitpunkt Mitglied in einem Hamburger Verein für Japaner, die seit mindestens zehn Jahren dort leben.

Nicht nur Herr Enomoto erlebte Kono als Mensch mit einer besonderen Ausstrahlung, dessen Bescheidenheit ihn berührte. Es war diese Art der Bescheidenheit, die in Japan an „wirklichen" Männern geschätzt wird und die eng mit der Samurai-Art, deren Gesten und Ausdruck verbunden ist und die Grundlage des Respekts bildet. Kono hat bei den Karate-Vereinstreffen wenig gesprochen. Er war dort eine Art ruhender Pol, dessen Anwesenheit im Raum man

As for sleep: Teruo Kono would often interrupt his sleep in order to be able to submit an offer right in time when his potential international customers would start work or to leave some kind of information or make a telephone call. Despite this, he almost never left the impression of being imbalanced since he possessed the capability to relax and renew his energies within a very short time.

Teruo Kono was a versatile and interesting personality who had been able to absorb positive stimulation from many sources proactively trying to get hold of them via newspapers, books, trade fairs, personal talks, documentaries, political journals etc.

Mr. Enomoto, a business partner of Teruo Kono, got to know Teruo Kono in Berlin in 1965 when Teruo Kono delivered a consignment for a Japanese food store personally seeking to become acquainted with his customers. Later on, both would simultaneously become members of a Japanese Club in Hamburg having met the membership requirement of having lived in the city for 10 years.

Mr. Enomoto, too, who felt touched by the modesty of his fellow countryman, experienced Teruo Kono as a man of particular charisma. It was this kind of modesty displayed by Teruo Kono which is highly esteemed with "true" men in Japan and which is closely associated with the proper behaviour, gestures and way of expression of a samurai building the basis for respect. At club meetings Teruo Kono gave his words sparingly. He used to be a relaxed person whose presence in the

immer gespürt hat, wodurch ihm alle Respekt entgegenbrachten.

Für Herrn Enomoto und andere Japaner in Deutschland war Teruo Kono mit seiner Karriere und seiner Art zu leben ein Vorbild. Er beeindruckte durch seine vielfältigen Kontakte, die er sich mit den Jahren aufgebaut und vertieft hatte, und die Kraft und Zielstrebigkeit, mit denen er seinen Weg ging. Dabei blieb er bescheiden und erzählte wenig über das Erreichte.

Kono empfand und praktizierte noch die Art der Loyalität und des Respekts, die in Japan bei den alten Samurai geschätzt und die von höhergestellten Menschen vorausgesetzt wurde. Er blieb immer unaufdringlich, fast zurückhaltend, wenn es um seine persönlichen Aktivitäten, Verbindungen und Erfolge ging.

Diese mentale Stärke übertrug er auch auf Menschen in seiner Umgebung.

Da er durch seine Handelsaktivitäten und Beratertätigkeiten für große japanische Unternehmen viele große Persönlichkeiten aus Politik und Wirtschaft kannte, erhielt er den Auftrag, als Sonderbeauftragter für die Expo 2005 in Nagoya (Japan) tätig zu werden. Schärfster Konkurrent um den Austragungsort war Calgary (Kanada), und so bereiste er viele europäische und außereuropäische Länder, um dort für Japan zu werben. In einer knappen Entscheidung fiel schließlich die Wahl auf Nagoya, was ihn sehr freute.

room could always be felt, a fact which made him being respected by all those present.

For Mr. Enomoto and other Japanese living in Germany Teruo Kono turned out to be an example by his way of living and what he had accomplished in sports and business. He impressed people by the contacts he had established and deepened throughout the years and also by the power and strength he applied in pursuing his way. Throughout his successes Teruo Kono always remained modest and would not praise himself.

Teruo Kono still felt and actually lived the kind of loyalty and respect for which the ancient samurais had been held in high esteem and which high-ranking members of Japanese society would still consider prerequisites for proper social behaviour. In all his personal activities, business relationships and successes Teruo Kono remained unobtrusive tending to be rather reserved.

This very mental strength was felt by the people within his reach and exerted a positive impact on them.

Since he knew many great political and business figures through his trade and consulting activities for major Japanese enterprises he was commissioned to act as special consultant for the 2005 World Exhibition (EXPO) in Nagoya, Japan. Since Calgary in Canada was Nagoya's toughest competitor in hosting the 2005 World Exhibition Teruo Kono would travel around many European and non-European countries to promote the aspiration of his native country. In what turned out to be a close vote Nagoya was finally selected as host, to Teruo Kono's great delight.

Seine beruflichen Aktivitäten in dieser Zeit waren gekennzeichnet von Beratertätigkeiten für Baufirmen in Japan (z.B. Bau von Reha-Kliniken, Altenein- richtungen, großen Straßenbauprojekten), Vorträgen vor Handelskammern, Kommentare zum aktuellen Zeitgeschehen in japanischen Medien und diversen Kontakt- und Beratertätigkeiten in politischen und wirtschaftlichen Fragen.

Doch das Altern ging auch an ihm nicht spurlos vorbei. Er musste sich einer Operation unterziehen. Bald darauf wurde immer deutlicher, dass irgendetwas seine Bewegungen beeinträchtigte. Er sagte immer, er hätte Rückenprobleme, was viele seiner Karate-Schüler nur zu gern glauben wollten, denn er verkörperte für sie schlechthin die Vitalität und die Fähigkeit, alles zu schaffen, was man nur wirklich will.

Schließlich war er jedoch ganz auf die Unterstützung durch seine Familie, in erster Linie seine Frau, angewiesen. Dass gerade er, ein unglaubliches Bewe- gungstalent, durch eine Krankheit Bewegungsein- schränkungen hinnehmen musste, war besonders grausam, doch er ertrug es still und mit Humor.

Er selbst wollte nur so lange leben, wie er mit Hilfe seiner Familie in seinem Haus in Norderstedt (Deutschland) wohnen könnte, und er wollte nicht von medizinischen Geräten abhängig sein. Als klar war, dass sich das bisherige Leben nicht mehr aufrecht- erhalten ließ, wachte er eines Morgens nicht mehr auf.

At that time Teruo Kono's business activities focused on consulting services provided for construction companies in Japan (e.g. construction of rehabilitation centres, senior citizen homes, major road construction projects), talks given at Chambers of Commerce, commentaries on current events for Japanese media agencies as well as on varied contacting and consulting activities involving political and economic matters.

Despite his power and positive lifestyle the ageing process would also leave its marks on Teruo Kono. Finally, he had to undergo surgery after which it became increasingly clear to him that there was something impeding the proper flow of his movements. He then started to complain about an aching back something which many of his karate students did not want to believe. Since for them he used to be an embodiment of vitality and unwavering will to succeed. Finally, he became fully dependent on his family's, particularly his wife's, support and care. The very fact that somebody like him who used to be a master of motion would finally suffer from such impairments by disease was particularly cruel. But he would bear it tacitly and with much humour.

He only wanted to live as long as he would be able to live in his home in Norderstedt (Germany) by the support and care of his family, but didn't want to be dependent on any medical devices. When it became clear that he could no longer live in his house with this disease he would not wake up one morning again.

Teruo Terukazu Kono starb nach tückischer, nicht heilbarer Krankheit am Morgen des 22. April 2000 in Norderstedt. Er wurde entsprechend buddhistischer und christlicher Tradition eingeäschert; die Hälfte seiner Asche wurde in Deutschland (Norderstedt), die andere in Japan (Yokohama) beigesetzt. Die Bestattung an verschiedenen Orten kommt in Japan gelegentlich vor.

Teruo Terukazu Kono died in Norderstedt on the morning of the 22nd of April 2000 due to a vicious incurable disease. His corpse was cremated according to Buddhist and Christian tradition; one half of his ashes was buried in Germany (Norderstedt) and the other half in Japan (Yokohama). Burials at different locations do happen in Japan.

Teruo Kono und die Autorin

Ich lernte Teruo Kono 1976 beim Karate-Training kennen. Jedes Wochenende ging ich regelmäßig zu seinem Training, - und er ignorierte mich.

Frauen waren zu der Zeit im Karate absolute Exoten, allenfalls geduldet, damit die Männer eine Auswahl an weiblichen Objekten in greifbarer Nähe hatten, um ihr Ego zu auszuleben. Eine Frau, die den Anspruch hatte, im Karate ernst genommen zu werden, war eine Provokation. Und so gaben sich alle Teilnehmer, inklusive Trainer Teruo Kono, große Mühe, um zu erreichen, dass ich möglichst bald mit dem Training aufhören sollte.

Eines Tages mussten mehrere Männer das Training wegen konditioneller Probleme abbrechen und setzten sich als Zeichen dafür hinten in der Halle im Seiza (Kniesitz) hin. Ich dagegen stand noch. Das war der Tag, an dem Teruo Kono mich fragte, wie ich eigentlich hieße (von allen anderen kannte er die Namen schon seit Monaten). Meine Antwort darauf: „Das ist jetzt auch nicht mehr wichtig". So musste er sich meinen Namen von jemand anderem sagen lassen. Von dem Tag an redete er mich immer mit Namen an.

Ein paar Monate später saßen wir nach dem Training mit ein paar Karateka zusammen. Teruo Kono erzählte etwas. Ich fragte nach, da ich nicht alles verstanden hatte (er sprach zu der Zeit ein Kauderwelsch aus Deutsch, Englisch und Japanisch). Er drehte sich genervt zu mir um und sagte, ich sei wohl besonders

Teruo Kono and the author

I got acquainted to Teruo Kono at a karate training course in 1976. I then attended his training courses regularly every weekend, but he would not take any notice of me.

At that time, women were still considered exotics in karate and merely tolerated so that the males could have a selection of playmates within easy reach to boost their egos. A woman claiming to be taken serious in karate was a pure provocation. And so all male karatekas including the honourable coach, Teruo Kono, made great efforts to make me quit rather quickly.

One day, however, it happened that several male karatekas were required to interrupt their training due to exhaustion and would therefore as a sign of this take a seat in the seiza position (sitting on knees) in the back of the gym. As for me, I remained standing waiting for the training to continue. This was the very day when Teruo Kono asked me my name (he would know the names of all others for months). My short reply was: "This doesn't matter any more now." So Kono was obliged to ask somebody else for my name. From this very day on he would always address me by my name.

A few months later we sat together with some karatekas after training. On this occasion Teruo Kono said something which I didn't quite understand. I reinquired since I was interested to know what he had said (At that time Teruo Kono would speak a mix of German, English and Japanese). Apparently feeling

dumm, da alle anderen ihn verstehen würden, nur ich nicht. Ein paar Wochen später nahm er mich nach dem Training beiseite und entschuldigte sich bei mir für diese Äußerung. Er sagte, nun habe er gemerkt, dass die anderen ihn auch nicht immer verstehen würden, aber die wären nicht so fair gewesen, ihm das zu sagen. Von da an wurde unser Umgang miteinander entspannter, und schließlich entdeckte er sogar, dass ich lesen, schreiben, formulieren und sogar gut fotografieren konnte, was er dann beim Erstellen seiner beiden Bücher sehr gut gebrauchen konnte.

Als wir wieder einmal eine kleine Meinungsverschiedenheit hatten, sagte er, jemand mit seinem familiären Hintergrund würde sich in Japan nie mit jemandem wie mir unterhalten. Seine Vorfahren hätten in der Schlacht bei Sekigahara (1600) in Japan, in der die Tokugawa die Macht errangen, gekämpft. Daraufhin erklärte ich ihm, dass sich mein Stammbaum bis in die Zeit des Dreißigjährigen Krieges (1618 – 1648) nachvollziehen lasse, wo meine Vorfahren gekämpft hätten. Insofern sei meine Familientradition mindestens genauso viel Wert wie seine. Außerdem würde jeder immer irgendwie von jemanden abstammen und hätte von daher einen langen Stammbaum. Das verblüffte ihn.

Einmal beim Training stand er vor mir, und ich war mir nicht sicher, ob er mit sich selber sprach oder überhaupt merkte, dass er laut sprach. Er sagte in sich versunken: „Schade, dass du so klein bist und schade, dass du eine Frau bist". Diese Äußerung ärgerte mich sehr, denn beides ist nicht meine Schuld.

annoyed he turned to me and told me how stupid I must be since all others, except for me, seemed to understand. Some weeks later he approached me during a session of training and apologized for these remarks. He told me that he had become aware of the others not always understanding him either. But they would not show the same fairness in admitting this to him. From this moment on our interaction became somewhat more relaxed and eventually he would even find out that I was able to read, write and express myself, and that I even happened to be quite a good photographer which would serve him well in editing his books.

On the occasion of another minor clash of opinions he would say that somebody like him with such a far-reaching family background would never exchange a word with somebody like me and that his ancestors had fought in the Sekigahara battle back in 1600 bringing the Tokugawa into power. In reply I told him that I could trace my ancestry back to the 30-Years' War (1618-1648) in which my ancestors had also fought bravely. And with regard to that, I continued, my family tradition was at least as honourable as his. And apart from that everybody was the descendant of somebody and could thus look upon a long ancestry anyway. My words put him at a loss.

At one training session he happened to stand in front of me and I was not quite sure whether he was talking to himself or even noticed that he was speaking aloud. He would say, apparently absorbed in himself: "It really is a pity that you are so small and also a woman." I felt very

Später wurde mir die Ehre zu teil, in seinem Bewusstsein von der Kategorie Frau in die Kategorie Mensch aufzusteigen. Das war die höchste Auszeichnung, die er zu vergeben hatte.

Einmal kam ein Karateka zu Teruo Kono und drückte seine Bewunderung aus für das Titelbild des Karate-Buches mit der „japanischen" Sonne. Ich stand daneben und bemerkte, dies sei nicht die japanische Sonne, sondern die Sonne von Osterholz-Scharmbeck (meinem Heimatort, wo die Aufnahme entstand). Teruo Kono amüsierte sich sehr darüber. Später entgegnete er auf eine ähnliche Äußerung immer, dies sei die Sonne von Osterholz-Scharmbeck, und freute sich über die verdutzten Gesichter.

Bald nachdem wir uns kennengelernt hatten, war klar, dass wir uns auf eine besondere Art mochten und dass wir es beide, trotz einiger Dispute (wir waren beide etwas dickköpfig), nicht gänzlich zu einem Bruch kommen lassen würden. Daraus entwickelte sich nach und nach eine Freundschaft, die uns beiden wichtig war, auch wenn wir nicht wirklich darüber sprachen. Er sagte einmal in einem anderen Zusammenhang, über solche Dinge brauche man nicht zu sprechen, man wisse es ohnehin.

infuriated by these words since I could not be blamed neither for being small nor for being a woman.

Eventually I was granted the honour of being "advanced" in his mind from the category "woman" to the category "human being". This was the highest award that could be granted by him.

Once a karateka came to see Teruo Kono and admired the "Japanese" sun on the cover of Teruo Kono's karate book. I happened to stand beside the two and remarked that this was not the Japanese sun but the sun of my hometown Osterholz-Scharmbeck where I had shot this picture. Teruo Kono was certainly amused by my remark. Whenever people would later express their admiration of the "Japanese" sun he would explain to them its true nature, namely the sun of Osterholz-Scharmbeck, and feel utterly amused by their astonished faces.

Soon after we had got acquainted with each other it became quite clear that there was some kind of sympathy between us and that we did not want to have this bond cut for good despite the occasional disputes that would arise between the two of us who happened to be quite pigheaded characters. Eventually there developed a friendship between us which was very important for both of us even if we would not speak about it explicitly. On one occasion he commented this by saying that such things do not have to be discussed since they are by their nature quite obvious.

Zeittafel T. Kono

19.2.1935   Teruo Terukazu Kono wird in Yokohama (Japan) geboren

1947   Rückkehr des Vaters aus dem pazifischen Krieg

1952/1953   Staatliche Technische Hochschule (Kanagawa Technical Highschool) in Yokokama (Japan), Highschool-Abschluss Fachrichtung Architektur / Ingenieurwesen

1954-1958   Studium an der Nippon-Universität Tokio (Japan), Studienrichtung Architektur, Abschluss: Diplom-Ingenieur und Architekt
Während des Studiums 2 Jahre Assistent (Karate) von Hironori Ohtsuka (Gründer des Wado-Ryu)
Trainer / Ausbilder bei der Polizei im Kampfsport (Akijima Keisaten Sho)

1956/1957   Zen-Studium im Ryataku-Ji-Tempel in Mishima (Japan)

ab   Bester Karate-Kämpfer Japans (Kumite)
1956/57   für etwa vier Jahre
Kapitän des Nippon Universitäts-Karateclubs (Nichidai) in Tokio (Japan)

1957   3. Platz bei den Alljapanischen Universitätsmeisterschaften (alle Karate-Stilrichtungen)

1958/1959   Tätigkeit bei Nissan Construction Co. Ltd, Tokio (Nissan-Konzern) als Architekt / Ingenieur
Trainer des Karateclubs der Universität Nippon in Tokio

Chronology of T. Kono's life

19.2.1935	Teruo Terukazu Kono is born in Yokohama (Japan)
1947	His father returns from the war in the Pacific
1952/1953	Attends Kanagawa Technical Highschool in Yokokama (Japan), graduates in architecture / engineering
1954-1958	Studies architecture at Nippon University in Tokyo; graduates as Certified engineer and architect Karate assistant of Hironori Ohtsuka (founder of Wado-Ryu) for 2 years during his academic life Martial arts' coach / instructor for the police (akijima keisaten sho)
1956/1957	Zen practitioner at the Ryataku ji (Ryataku Temple) in Mishima (Japan)
Since 1956/57	Japan's No. 1 karate fighter (kumite) for 4 years Captain of Nippon University's karate club (nichidai) in Tokyo
1957	3rd rank at the All Japanese University Championships (all karate styles)
1958/1959	Works for Nissan Construction Co. Ltd, Tokyo (Nissan Group) as an architect and engineer Coach of Nippon University's karate club in Tokyo

1959-1963 Tätigkeit bei Tanaka Technical
Development Co. Ltd als Architekt /
Ingenieur

1959-1965 Tätigkeiten in einem überregionalen
Bauunternehmen auf Honshu und
Hokkaido (in Mittel- und Nordjapan)

1962-1964 Trainer des Karateclubs der Universität
Chukyo in Nagoya
Trainer des Karateclubs der Technischen
Universität Chubu in Aichi
Trainer des Karateclubs der Universität
Aichi in Aichi
Trainer des Karateclubs der Nationalen
Universität Nagoya in Nagoya
Dozent an den Universitäten Chukyo und
Aichi

1963/1964 Nationaltrainer von Japan für Mitteljapan
(Tokai-Gebiet)

1964 Tätigkeit in der Tanaka-Niederlassung in
Nagoya als Leiter der Technischen
Abteilung und Geschäftsführer, später
tätig bei Nippon Combine Control Co. Ltd
(einer Schwesterfirma von Tanaka) als
Geschäftsführer

1964/1965 Teruo Kono bereist Japan und macht
Karate-Demonstrationen

1965 Teruo Kono verlässt Japan und verlagert
seinen Lebensmittelpunkt nach Europa
Tätigkeiten in England, Holland und
Deutschland im Handel und in der
Gastronomie

1959-1963   Employed at Tanaka Technical Development Co. Ltd as an architect and engineer

1959-1965   Works on Honshu and Hokkaido (Central and North Japan) as an employee of a major Japanese construction firm

1962-1964   Coach of Chukyo University's karate club in Nagoya
Coach of Chubu Polytechnic's karate club in Aichi
Coach of Aichi University's karate club in Aichi
Coach of Nagoya National University's karate club in Nagoya
Lecturer at Chukyo and Aichi University

1963/1964   National coach of Japan for the Central Japan section (Tokai area)

1964   Employed at Tanaka's Nagoya branch as the Head of the Technical Department and Managing Director; thereafter in the service of Nippon Combine Control Co. Ltd (a Tanaka subsidiary) as Managing Director

1964/1965   Teruo Kono goes on a karate demonstration tour through Japan

1965   Teruo Kono leaves Japan and moves his centre of life to Europe
Trade and catering activities in England, the Netherlands and Germany

1965	Nationaltrainer von England
1966-1968	Tätigkeit als Vertreter für Europa bei Nippon Sogo Trading Co. Ltd. Europe in der Niederlassung London (England)
1966-1970	Nationaltrainer von Holland
1968-1976	Geschäftsführender Gesellschafter bei Euro Nippon Foods & Drinks Co. GmbH in Hamburg (Deutschland)
Seit 1970	Geschäftsführer einer Im- und Exportfirma in Hamburg (Deutschland) sowie Tätigkeit als Berater eines Architekturbüros in Japan
1967-1975	Trainer der Karateclubs der Universitäten in Leuven und in Lüttich (Belgien) und der Technischen Hochschule von Mons (Belgien) sowie des Karateclubs der Universität in Belgrad (Jugoslawien)
1970/1971	Nationaltrainer von Jugoslawien
1972-1975	Geschäftsführender Gesellschafter bei Nippon Foods & Drinks Nederland N.V.
1973-1983	Nationaltrainer von Wado-Kai Deutschland
1976-1982	Tätigkeit bei Nippon Foods & Drinks Co. Ltd. Japan und Kawasei Shoten Co. Ltd. Japan, Handelsvertretung für Europa
Bis 1978	Technischer Berater des Bundestrainers im DKV (Deutscher Karate Verband, Dachverband aller vom Deutschen Sportbund anerkannten Karate-Stile in Deutschland)

1965	National coach of England
1966-1968	Acting as European agent for Nippon Sogo Trading Co. Ltd. Europe at the company's London branch
1966-1970	National coach of the Netherlands
1968-1976	Managing partner of Euro Nippon Foods & Drinks Co. GmbH in Hamburg (Germany)
Since 1970	Managing director of an im- and export business in Hamburg (Germany) as well as consultant for an architect's office in Japan
1967-1975	Coach of the university karate clubs in Leuven and Liège (Belgium) as well as of the Polytechnic in Mons (Belgium). Also coach of Belgrade university's karate club (former Yugoslavia)
1970/1971	National coach of former Yugoslavia
1972-1975	Managing partner of Nippon Foods & Drinks Nederland N.V.
1973-1983	National coach of Wado-Kai Germany
1976-1982	In the service of Nippon Foods & Drinks Co. Ltd. Japan and Kawasei Shoten Co. Ltd. Japan, as trade representative Europe
Up to 1978	Technical advisor of Germany's national coach under the authority of the German Karate Association (DKV) acting as an umbrella organisation for all styles of karate acknowledged by the German Sports Association in Germany

1978-1980	Lehrbeauftragter am Sportinstitut der Universität Hamburg (Deutschland)
1978-2000	Geschäftsführender Gesellschafter Nissobo Import & Export GmbH in Hamburg / Norderstedt (Deutschland)
1980/1981	Handelsberatung bei Kikkoman Trading Europe GmbH in Düsseldorf (Deutschland)
Seit 1981	Tätigkeit bei Mitsoboshi Boeki Co. Ltd. Kobe Japan, Handelsvertretung für Europa
Seit 1983	Trainer der Wado-Gruppe im DKV, sowie Berater des DKV
1984-1987	Handelsberatung für Taisei Corporation (Europe) Co. Ltd. in London (England)
1987-2000	Präsident des Deutsch-Japanischen Vereins für Kultur und Sport, Hamburg
1988-2000	Geschäftführender Gesellschafter D.J. Consultant Beratungsges.mbH, Hamburg / Norderstedt (Deutschland)
1990	Vertretung von Tokai TV Japan (Fernsehsender) für Europa
1993	Sonderbeauftragter der japanischen Landesregierung der Region Aichi für die Expo 2005 in Nagoya (Japan)
1995	Verleihung des Titels Hanshi durch Wado-Kai Japan

1978-1980	Lecturer at Hamburg University's sports institute
1978-2000	Managing partner of Nissobo Import & Export GmbH in Hamburg / Norderstedt (Germany)
1980/1981	Acting as trade consultant of Kikkoman Trading Europe GmbH in Düsseldorf (Germany)
Since 1981	In the service of Mitsoboshi Boeki Co. Ltd. Kobe, Japan, as trade representative Europe
Since 1983	Coach of the Wado team within the German Karate Association (DKV) as well as DKV advisor
1984-1987	Trade consulting services for Taisei Corporation (Europe) Co. Ltd. in London (England)
1987-2000	President of the German-Japanese Cultural and Sports Association
1988-2000	Managing partner of D. J. Consultant Beratungsges.mbH, Hamburg / Norderstedt (Germany)
1990	European representative of Tokai TV Japan (Japanese TV station)
1993	Special consultant and promoter for the 2005 EXPO in Nagoya under the authority of Aichi region's provincial government
1995	Awarded the title of hanshi by Wado-Kai Japan

Teruo Kono war darüber hinaus als
Karatetrainer in folgenden Ländern tätig:
Schweiz, Ungarn, Rumänien,
Mazedonien, Bulgarien, Spanien,
Zypern, Estland, Russland
Er war mehrere Jahrzehnte Präsident
der Federation of European Wado-Kai,
Präsident der Wado-Kai Instructor
Organization und Wado-Ryu Cheftrainer
von Europa
Teruo Kono war 8.Dan Shinto Yoshinryu
Jiu-Jitsu Kempo und 8. Dan Wado-Ryu
Hanshi

22.4.2000   Teruo Kono stirbt nach schwerer
Krankheit in Norderstedt (Deutschland)

Additionally, Teruo Kono acted as karate coach for the following countries: Switzerland, Hungary, Romania, Macedonia, Bulgaria, Spain, Cyprus, Estonia, Russia
He held the position of president of the Federation of European Wado-Kai for several decades, acted as president of the Wado-Kai Instructor Organisation and was also Europe's Wado-Ryu chief coach
Teruo Kono was bearer of the 8th Dan shinto yoshinryu jiu-jitsu kempo and 8th Dan wado-ryu hanshi

22.4.2000   Teruo Kono dies of a severe disease in Norderstedt (Germany)

Über die Autorin

Dr. Elke von Oehsen ist Jahrgang 1956.

Sie studierte Germanistik und Sportwissenschaften an der Universität Bremen.

Ihr beruflicher Werdegang ist gekennzeichnet durch Tätigkeiten als wissenschaftliche Mitarbeiterin an der Universität Bremen und als Mitglied der Geschäftsführung im Bildungszentrum der Wirtschaft in Bremen, wo sie noch tätig ist.

In ihrer Dissertation beschäftigte sie sich mit physiologischen und wahrnehmungspsychologischen Aspekten bei Reaktionen in minimalen Zeitbereichen.
Sie ist selbst eine erfolgreiche Karate-Kämpferin und Trainerin.

Teruo Kono und die Autorin schrieben drei Bücher über Karate. Außerdem erstellte sie das Drehbuch des Videofilmes über die Europameisterschaft Wado-Kai 1987.
Teruo Kono und sie arbeiteten seit 1978, als er sie zu seinem Kohai machte, bei karateorganisatorischen Dingen und in anderen Fragen zum Karate eng zusammen. Daraus entwickelte sich im Laufe der Jahre eine enge Freundschaft, die sich durch die Krankheit Teruo Konos noch verstärkte.

On the author

Dr. Elke von Oehsen was born in 1956.

She went to Bremen University where she studied German philology and sports.

Her professional career has seen her as an academic collaborator at Bremen University as well as an active member of the management board of the Educational Institute of the Employers' Association in Bremen where she is still in service.

Her doctoral thesis focused on physiological and psycho-perceptible aspects with regard to reaction time mechanisms within minimal time frames.
She has been an active and successful karateka and karate coach herself.

Teruo Kono and the author wrote three books on karate and she wrote the script for the video to be shot on the European Wado-Kai Championship in 1987.
Since 1978 when Teruo Kono acknowledged her as his kohai she extensively assisted Teruo Kono in organisational and other karate matters. This close collaboration eventually developed into a close friendship which would become even deeper by his disease.

Glossar

ashi barai	Fußfeger	a throwing technique with foot
bassai	Name einer Kata	name of a kata
bojitsu	Schwert- u. andere Kampftechniken	sword and other martial art techniques
Budo	japanische Kampfsportarten	Japanese martial arts
Dan	Schwarzgurt	black belt
dojo	Trainingshalle	gym
gasshuku	Lehrgang	training camp
gyakuzuki	eine Fausttechnik	a fist technique
hanshi	Großmeister	grand master
hikiwake	unentschieden	draw
ichi	eins	one
Jiujitsu	eine Kampfsportart	a martial art
jodan	in Kopfhöhe	to the head
kanreki	besonderer Geburtstag	important birthday
kara	Leere	emptiness
karategi	Karateanzug	karate suit
kata	Formübung	stylized movements
Kenjitsu	eine Kampfsportart	a martial art
keri	Fußtechnik	foot technique
kohai	besonderer Schüler; eine Ehre, die vom Meister verliehen wird	outstanding student, student with personal relationship to the master
kotatsu	Kohlebecken als Heizung	coal basin for heating

Glossary

kumite	Freikampf	free fighting
maegeri	Vorwärtstritt	front kick
maitta	ich gebe auf	I give up
makiwara	Schlagpolster	punch board
mawashigeri	Fußtritt von der Seite	roundhouse kick
mubobi	Vernachlässigen d. eigenen Sicherheit	neglect of one's own safety
nagashizuki	Fausttechnik von der Seite	fist attack from side
niseishi	Name einer Kata	name of a kata
nukite	Fingerstich	finger thrust
randori	Trainingskampf	training fight
seiza	Kniesitz	sitting on knees
sensei	Lehrer, Meister, herausragende Person	teacher, master, outstanding person
shamisen	japanische Gitarre	Japanese guitar
shinto yoshinryu jiu jitsu kempo	eine Kampfsportart	a martial art
shotokan	eine Karate-Stilrichtung	a karate style
stop maegeri	Vorwärtstritt mit dem vorderen Bein	front kick with front leg
tatami	Reisstrohmatten	mat made of rice straw
tobikomizuki	eine Fausttechnik	a fist technique
tsuki	Fausttechnik	fist technique
Wado-Kai (Wado-Ryu)	eine Karate-Stilrichtung	a karate style

T. Kono
Karate -
Der Weg zum Schwarzgurt

300 Seiten
1800 Fotos
viele Skizzen

ISBN 3-9804461-0-7

Sie legen Wert auf ein gut durchdachtes, anspruchsvolles System zum Erlernen eines vielseitigen, effektiven Kampfsports?

Dann gibt Ihnen dieses Buch wichtige Anregungen.
Die ausführlichen und damit leicht nachvollziehbaren Bilder-reihen ermöglichen großen und kleinen Personen das detailgenaue Erlernen dieses Kampfsports.
Sie können aus Fausttechniken, Fußtechniken, Hebeln, Würfen, Übungsformen mit und ohne Partner, Katas (Form-übungen), einer ausgefeilten Allround-Fitness-Gymnastik und vielem mehr Ihre Vorlieben beim Kämpfen zusammenstellen und optimieren.

Großmeister Teruo Kono, einer der letzten großen Karate-meister der alten Tradition, präsentiert ein systematisches Lernprogramm vom Weißgurt (Anfänger) bis zum Schwarzgurt (Meister) (9. Kyu bis 1. Dan).

Bezug: über den Buchhandel oder
        www.kono-verlag.de
        Tel: +49 (0) 5422 / 41340

T. Kono
Karate -
Der Weg des Schwarzgurtes

272 Seiten
1700 Fotos
Kalligraphien

ISBN 3-9804461-1-5

Sie haben Interesse, auch in schwierigen Situationen beim Kämpfen erfolgreich zu sein?

Dieses Buch gibt Ihnen Anregungen im Messerkampf, Bodenkampf, rasantem Freikampf, zur Verbesserung Ihrer physischen Fähigkeiten und zur Entwicklung Ihrer psychischen Fähigkeiten.
Es enthält das Lernprogramm vom 1. Bis zum 5. Dan, vielseitige Partnerübungen, höhere Katas (Formübungen) und öffnet das Bewusstsein für asiatisches Denken. Außerdem finden Sie viele japanische Schriftzeichen mit Erklärungen und Erläuterungen zu den Idealen der Samurai.

Großmeister Teruo Kono gibt in diesem Buch Anregungen, wie sich jeder Karateka gezielt weiter entwickeln kann, auch als interessierter Kyu-Grad.

Bezug: über den Buchhandel oder
        www.kono-verlag.de
        Tel: +49 (0) 5422 / 41340

E. von Oehsen / P. Mixa / W. Buddrus
Karate -
Sanbon Kumite Training, Wettkampf, Selbstverteidigung

248 Seiten
360 Fotos
Skizzen

Sie sind Laie im Kampfsport oder Sie betreiben bereits einen
Kampfsport?

Dann gibt Ihnen dieses Buch Anregungen zum Lernen und
Üben oder zur Ergänzung ihres Trainings, wenn Sie Taktiken
des Kämpfens verstehen und trainieren wollen, sich
wirkungsvoll verteidigen oder ihr Training effektiver gestalten
möchten.
Durch den übersichtlichen Index können Sie sich schnell
einzelne Übungen gegen bestimmte Angriffe zusammenstellen und gezielt bestimmte Themen im Buch finden.
Wenn Sie das Buch komplett durcharbeiten, werden Sie ein/e
vielseitige/r Kampfsportler/in sein.
Viel Spaß beim Ausprobieren!
Dieses Buch ist insofern eine Ergänzung zu „Der Weg zum
Schwarzgurt", als darin enthaltene Übungen näher erläutert
werden. Außerdem enthält es Inhalte wie z.B., was Techniken
effektiv macht, erfolgreiche Kampftaktiken/-techniken,
Selbstverteidigungsübungen (auch und speziell für Frauen),
Trainingspläne (auch für Trainer), Anforderungen an Kyu-
Grade.

Bezug: über den Buchhandel oder
        www.kono-verlag.de
        Tel: +49 (0) 5422 / 41340